ROUTE NATIONALE

4

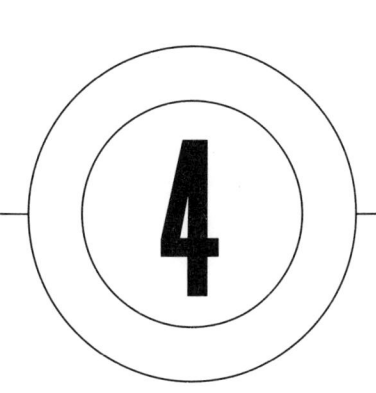

ASSESSMENT SUPPORT PACK

TEACHER'S NOTES

L. Briggs / B. Goodman-Stephens / P. Rogers

Nelson

Thomas Nelson and Sons Ltd
Nelson House   Mayfield Road
Walton-on-Thames   Surrey
KT12 5PL   UK

Thomas Nelson Australia
102 Dodds Street
South Melbourne
Victoria 3205   Australia

Nelson Canada
1120 Birchmount Road
Scarborough   Ontario
MIK 5G4   Canada

© Lawrence Briggs, Bryan Goodman-Stephens and Paul Rogers 1995

First published by Thomas Nelson and Sons Ltd 1995

I(T)P Thomas Nelson is an International Thomson Publishing Company.

I(T)P is used under licence.

ISBN 0-17-439837-9
NPN 9 8 7 6 5 4 3 2 1

All rights reserved. No paragraph of this publication may be reproduced, copied or transmitted save with written permission or in accordance with the provisions of the Copyright, Design and Patents Act 1988, or under the terms of any licence permitting limited copying issued by the Copyright Licensing Agency, 90 Tottenham Court Road, London W1P 9HE.

Any person who does any unauthorised act in relation to this publication may be liable to criminal prosecution and civil claims for damages.

Printed in Great Britain by Hobbs the Printers Ltd, Totton, Hampshire

CONTENTS

Notes on assessment	1
Summative test material	5
Transcripts	17
Solutions	25

NOTES ON ASSESSMENT

Route Nationale Assessment Support Pack

Introduction

This Assessment Support pack provides comprehensive guidance and materials to enable teachers and students to assess progress throughout Stage 4 of **Route Nationale**. The pack consists of

- One set of Copymasters
- One set of Teacher's Notes
- One Master Cassette.

The Copymasters provide

- 4 tests (one for every three chapters)
- 1 set of cumulative tests
- solutions to all tests
- student and teacher record sheets.

The Teacher's Notes provide

- detailed guidance on formative and summative assessment
- miniature versions of all test material
- transcripts of all recorded material
- suggested points totals for test items

The Master Cassette provides

- material for listening tests.

Formative and summative assessment

As learners ourselves, in whatever field, we are constantly attempting to evaluate and assess our performance, to pinpoint information about the progress we are making towards our intended goals. The information we gather, from other learners and from teachers or instructors, is vital if we are to improve upon our performance and continue to make significant progress. It is in this sense that both continuous assessment of everyday activities and more formal tests are an integral part of the learning process: they help to stimulate effective learning and teaching. However, there is a clear distinction between these two types of assessment.

a) Formative assessment

Broadly speaking, formative assessment is a continuous process which provides information to help students and teachers gauge progress. Quite simply, it consists of observing, commenting on and recording students' progress during everyday classroom activities, a logical extension of what occurs in Modern Language lessons already.

b) Summative assessment

As its name implies, summative assessment marks an end point, a summary of what students have apparently been able to achieve within a defined period of time. Such assessment usually takes the form of end-of-unit tests, end-of-year examinations or public examinations.

Motivation and threat

There can be no doubt that we all feel threatened by summative assessment. It is seen as a one-and-only chance to prove that we have made the grade and it is generally conducted in daunting examination conditions. Students face such tests with anxiety about possibly tricky or even unfair questions and with a dread of failure, which is never to be mitigated by the conviction that they performed well all year or all term.

Summative assessment has a rightful place alongside formative assessment, in that it serves to confirm what is already known to both students and teachers. Formative assessment helps to provide this 'prior knowledge'. It is, quite simply, feedback from teachers and others which gives students the opportunity to capitalise on their strengths, to recognise and address weak points and to try again. This is the essence of formative assessment which, by its very nature, is non-threatening and potentially highly motivating.

It is on this basis that the **Route Nationale** Assessment Support Pack has been written: with formative assessment, appropriately recorded, providing a reservoir of detailed information on the learner's performance throughout, and with summative tests, representing a periodic dipstick into this reservoir, a sample to confirm the results already registered through observation.

The combined information deriving from the two forms of assessment is invaluable to a whole host of interested parties from learners to teachers, parents/guardians, governors, examination groups, employers, education authorities and the government.

Formative assessment

It is crucial to the process of assessment that teachers exercise their professional judgement in all matters relating to levels of student performance.

For the purposes of formative assessment, teachers will find it invaluable to refer to the Overview in the **Route Nationale** Stage 4 Teacher's Resource File. This lists all the activities for each chapter of **Route Nationale** Stage 4 with the National Curriculum level suggested by each activity. Although the levels do not, strictly speaking, apply at Key Stage 4, teachers will probably wish to use them as a means of measuring progression throughout Key Stage 4; hence their inclusion in the Teacher's Resource File.

The Overview gives clear definition to the levels within which classes are likely to be operating. This definition should help teachers and students to concentrate on a relatively narrow range of attainment. Nevertheless, there must always be scope for individuals who fall outside this range. In practice, much of the additional evidence for such students will come from the differentiated materials in Stage 4 of **Route Nationale**.

In order to make use of this information for formative assessment, teachers may find it helpful to follow these steps:

1 Become familiar with the national and Examination Board criteria for assessment;
2 Familiarise students with the criteria;
3 Select students who seem ready for assessment;
4 Select activities for assessment using the Overview in the Teacher's Resource File;
5 Plan the organisation of the lesson so that the teacher is free to observe;
6 Observe students and provide feedback;
7 Either record results or identify with students any shortcomings and agree appropriate action.

Familiarisation with national criteria

It is of equal importance that not only teachers but also their students understand and have access to the criteria; unless students know what their objectives are they can hardly be expected to understand and use the information they receive from assessment.

Besides, students can and must take a more active role in assessment if a full picture of their performance is to emerge. Students are increasingly expected to work more independently and to exercise choice, express opinions and evaluate their work.

Route Nationale provides ample opportunities for autonomous learning, for example, within the *Entrée libre* sections of the Students' Book, in some Copymaster activities, the Activity Cards and the Software programs. Students following the course will, therefore, be used to choosing and marking their own work.

Teachers and students may also be familiar with the *Permis de Conduire* Copymasters (also included in the Assessment Support Pack Copymasters) which provide information on students' attitudes and reactions to activities they have completed. This information helps students and teachers to diagnose weaknesses and to celebrate strengths and, thereby, identify ways in which students can improve their performance.

Consequently it is both desirable and necessary to involve students fully in the assessment process.

Selecting students and activities for assessment

Clearly it is neither necessary nor helpful to attempt to assess every student in the same activities at the same time. Firstly, time does not permit this; secondly different students progress at different rates; and thirdly, as the Overview in the Teacher's Resource File demonstrates, there are numerous activities at each level throughout **Route Nationale** Stage 4 which can be used for assessment.

Observation of student performance and on-the-spot feedback are essential ingredients in a successful learning programme. In many cases this will not lead to formally recording student performance – teachers who assess everything run the risk of intimidating and demotivating students. On the other hand, students do need regular praise, encouragement and guidance as to how and what they need to improve. What the teacher gains at this point is informal information which helps to build up a substantial impression of student performance.

Once students' readiness for assessment has become apparent through their work in class or through homework assignments, it is advisable to assess them as soon as possible, selecting appropriate activities from the Overview. Bearing in mind the need to observe and assess small numbers of students at any one time, lessons will need to be structured in such a way as to ensure enough free time for the teacher to carry out the assessments.

Structuring lessons for independent work and assessment

In order to free themselves to carry out assessment teachers may wish to consider the following:

- stage reached within the unit: teacher input not required;
- length of time available in relation to the assessment activities selected;
- maximum number of students to be assessed at any one time;
- suitability of the room and its layout for independent work;
- student familiarity with and access to equipment and materials (including solutions, transcripts and reference sources);
- availability of support, eg Foreign Language Assistant, other staff, parents, older students.

Observing, providing feedback and recording

Students will have to perform at any given level on a number of occasions and over a period of time. Therefore it is likely that students will need to record performances at the same level more than once.

Having observed a small group of students performing a chosen activity, the teacher will wish to:

- discuss with students their level of performance;

NOTES ON ASSESSMENT

- decide with the student whether or not to record the results on the Student Record Sheet (provided in the Assessment Support Pack Copymasters);
- give appropriate advice for the next assessment, at the same or a higher level.

The Student Record Chart

This sheet is similar to the *Fiche d'activités* to which students may well be accustomed already. Students should enter the title of the activity and the date on the Record Chart, having agreed with the teacher the appropriate entry. These details should then be initialled by the teacher. The Record Charts should remain in school but are the property of students.

The details shown on the Student Record Chart will be supplemented by information collated in the teacher's markbook on other classwork activities and homework assignments. Teachers may well wish to give students the opportunity to transfer information about homework assignments from the teacher's markbook to the Student Record Chart. Each student's chart will be unique in that it will not necessarily have the same entries as those of other students in the class.

Example of an entry on a Student Record Chart:

RECORD CHART				
Nom: David Allen			Classe: 10 AB	
ECO = ECOUTER	PA = PARLER	LI = LIRE	ECR = ECRIRE	
Activité	Source(s)	Niveau(x)	Date	Professeur
2 Nous voilà	SB p.5	ECO 3 PA 4 LI 3 ECR 2	30 sep '95	NVQ

Markbooks should also conform to the criteria and show the title and source of activities and levels attained in the respective skill areas.

Example of a teacher's markbook entry

	Comment est ta routine? (ATs 1–4) CM2
David Allen	1 3 2 3 3 3 4 2

Evidence of students' assessed work should also be retained for the purposes of moderation. One such example could be a portfolio of work, including a student cassette of speaking activities.

Summative assessment

Format of the tests

There are four tests, one for every three chapters, plus a cumulative test for use at the end of the course.

The tests are divided by skill area (ECOUTER, PARLER, LIRE, ECRIRE) and the emphasis for marking purposes is placed upon the named skill area each time. Wherever possible, however, test activities involve the use of more than one skill. The emphasis, therefore, is on single skill testing within mixed skill contexts. Some tests (particularly in the skill areas of reading and writing) provide the opportunity to assess students in more than one skill area. Nonetheless, teachers may choose to assess one skill area only at a time and, in some pairwork activities, to assess only one student.

Level of difficulty, marking and points system

The tests for listening, reading and writing are divided into two levels, which equate broadly to GCSE Foundation and Higher levels. The Foundation level tests provide an opportunity for students to demonstrate achievement at a level broadly in line with GCSE grades G–C and the Higher level tests provide access to levels similar to GCSE grades D–A*.

Each level has a total of 25 marks available. Students may attempt either one or both levels, as appropriate.

In the speaking test the same activities are used for both Foundation and Higher levels. However, it is suggested that achievement at Foundation level is assessed as follows: ¾ of the marks are awarded for communication and ¼ for greater accuracy, fluency and use of appropriate vocabulary and structures. At Higher level it is suggested that ½ of the marks are awarded for communication and ½ for accuracy, fluency and use of a range of vocabulary and structures (including present, past and future tenses, where appropriate).

In order to help teachers grade the work of students, the following broad bands of marks may prove useful. Obviously, a student achieving any specific grade calculated in this manner could not assume that he/she would gain a similar grade in an external examination. However, such grading may provide an overall guide to attainment, increase motivation and aid progression.

Foundation Level	Higher Level
C 25–21	A* 25–22
D 20–16	A 21–18
E 15–11	B 17–13
F 10–6	C 12–9
G 5–1	D 8–5

NOTES ON ASSESSMENT

The activities for all four skills are presented in ascending order of difficulty, allowing flexibility for teachers who wish to present some, but not all, of the activities in each skill area to their students. That may help if time is at a premium; equally, from the point of view of differentiation, not all students will necessarily be able to complete all the activities for each skill area within a particular test.

The maximum number of points available is indicated alongside each activity in the students' materials. This may be helpful to students in terms of improving their performance and developing a sense of progression.

Rubrics and glossaries
In line with the **Route Nationale** core materials and national and Examination Board criteria, all the instructions for the summative test items are given in French. These are supported by a glossary of instructions at the foot of each Copymaster to help students understand the activities without necessarily seeking assistance from the teacher.

Conducting reading and writing tests
The tests relating to reading and writing are designed to be conducted swiftly and efficiently within the context of normal lessons and usually in about 30 minutes maximum. As indicated earlier, test items have a mixed skill context wherever possible.

Listening tests
The listening tests are also designed to be completed comfortably within a single lesson. The cassette provided is a duplicating master. This allows schools to make multiple copies of the cassette for teachers and for students. This provides the flexibility for students to complete the listening tests in a number of ways: for example, on an individual or small group basis, with the whole class using headsets or with the teacher controlling the cassette player.

Speaking tests
It is not expected that the teacher will conduct individual speaking tests with every student in the class. There is ample scope here for Foreign Language Assistants, team teachers and parents voluntarily involved in classroom activities to assist in the assessment of speaking activities.

Peer assessment, usually on a pairwork basis, can also save teachers a great deal of time and play an important part in motivating and involving students in the assessment process. Students could experience valuable training for this during the formative assessment process, where the teacher is available to observe students working together and encourage them to assess one another. It is also possible to appoint a third student to observe and assess a pair of their peers. Solutions to most test activities for all skills, together with suggested points totals are included in the Assessment Support Pack Copymasters for students to use in assessing themselves and/or one another, where teachers so wish.

As in formative assessment, students may wish to make a cassette recording of their performance in speaking tests as evidence of their attainment.

Additional opportunities for summative assessment
The Overview in the Teacher's Resource File carries all the necessary information for summative assessment purposes. Solutions, where appropriate, are also included in the Teacher's File. Therefore, teachers can easily construct their own additional end-of-unit tests, if they wish.

Moderation and standardisation
Departments should agree on their marking and assessment policy, in the light of national and Examination Board criteria, and build into their scheme moderation meetings, during which samples of assessed work are discussed and compared, to ensure consistency across the department. Students should be able to agree with their teachers the level of their attainment shown by completed activities. In cases where there are discrepancies between expected and actual test results, students and teachers will need to review the student's overall performance and identify an appropriate programme of revision and consolidation. This is likely to involve reference to the *Rappel* and *Station service* sections in the Students' Book and to the *Code de la Route* grammar reference section and its related consolidation activities on Copymasters, as well as work from the Activity Box and on software.

SUMMATIVE TEST MATERIAL

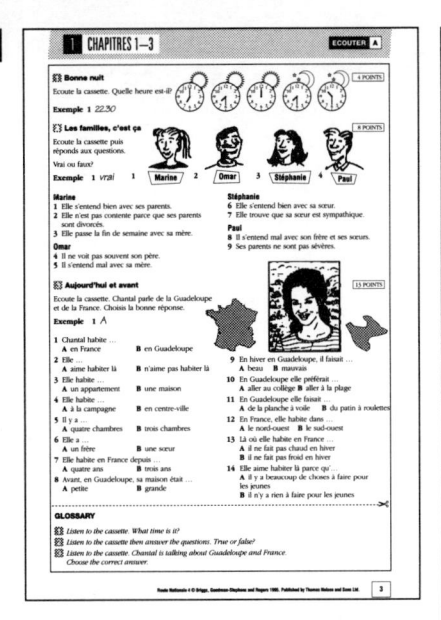

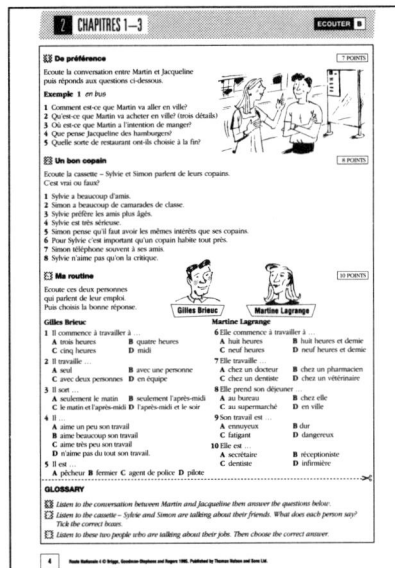

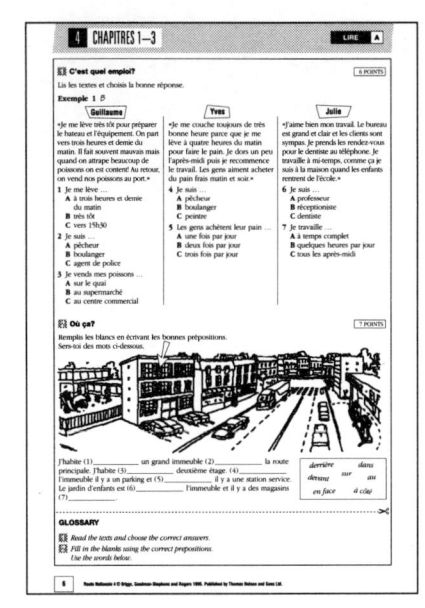

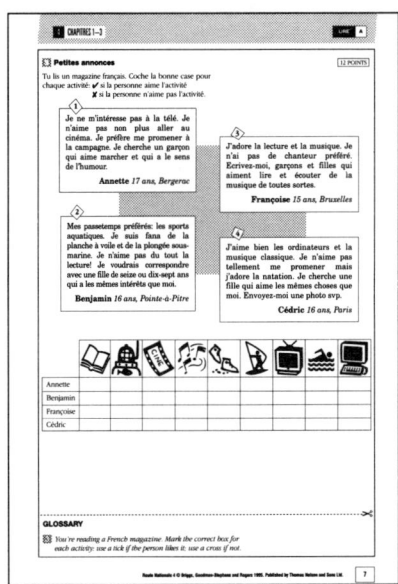

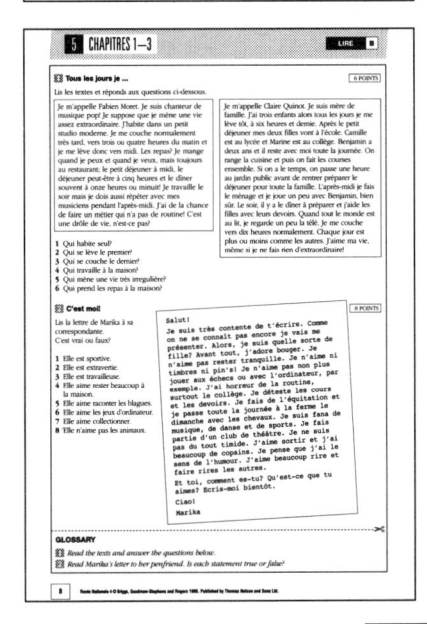

SUMMATIVE TEST MATERIAL

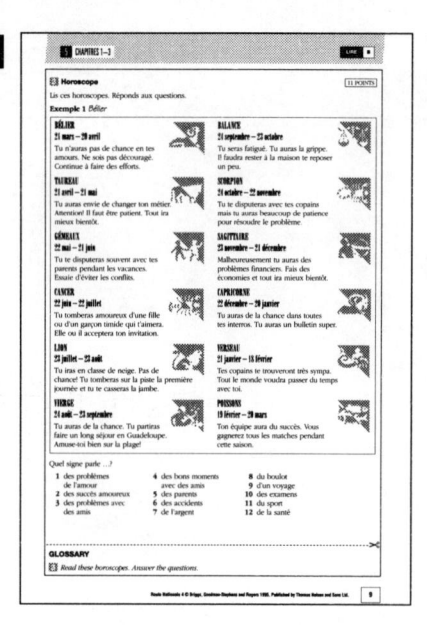

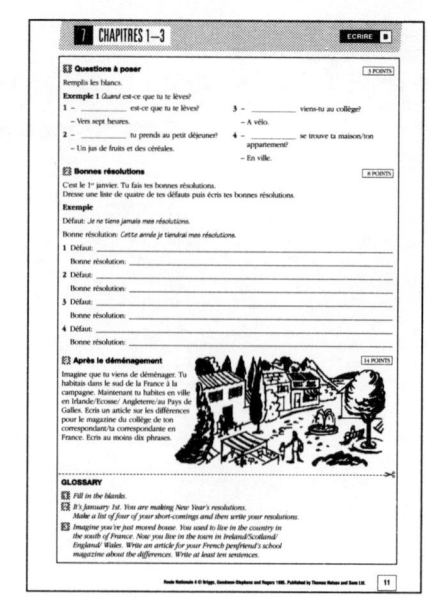

SUMMATIVE TEST MATERIAL

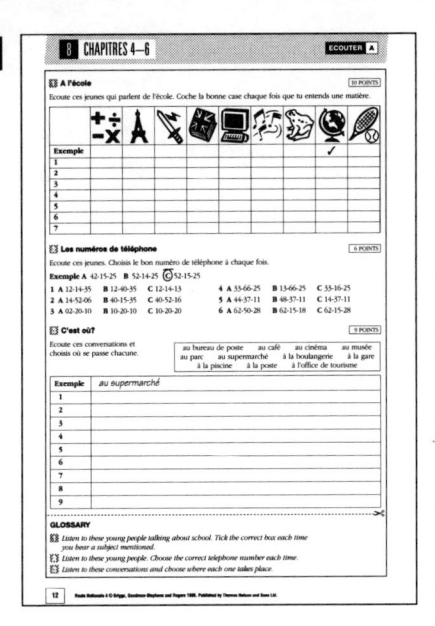

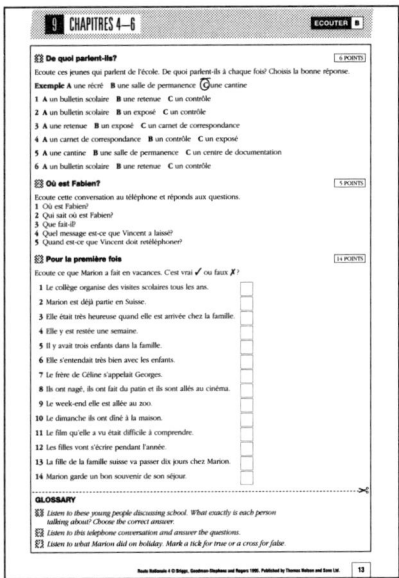

CHAPITRES 4–6

8 CHAPITRES 4–6 — ECOUTER A

A l'école — 10 POINTS

Ecoute ces jeunes qui parlent de l'école. Coche la bonne case chaque fois que tu entends une matière.

	+−×÷	🗼	✏️	💻	🦎	⚽	🌍	🎾
Exemple							✓	
1								
2								
3								
4								
5								
6								
7								

Les numéros de téléphone — 6 POINTS

Ecoute ces jeunes. Choisis le bon numéro de téléphone à chaque fois.

Exemple A 42-15-25   B 52-14-25   **C** 52-15-25

1 A 12-14-35   B 12-40-35   C 12-14-13   4 A 33-66-25   B 13-66-25   C 35-16-25
2 A 14-52-06   B 40-15-35   C 40-52-16   5 A 48-57-11   B 44-57-11   C 14-57-11
3 A 02-20-10   B 10-20-10   C 10-20-20   6 A 62-50-28   B 62-15-18   C 62-15-28

C'est où? — 9 POINTS

Ecoute ces conversations et choisis où se passe chacune.

au bureau de poste   au café   au cinéma   au musée
au parc   au supermarché   à la boulangerie   à la gare
à la piscine   à la poste   à l'office de tourisme

Exemple	au supermarché
1	
2	
3	
4	
5	
6	
7	
8	
9	

GLOSSARY
8 Listen to these young people talking about school. Tick the correct box each time you hear a subject mentioned.
9 Listen to these young people. Choose the correct telephone number each time.
10 Listen to these conversations and choose where each one takes place.

---

9 CHAPITRES 4–6 — ECOUTER B

De quoi parlent-ils? — 6 POINTS

Ecoute ces jeunes qui parlent de l'école. De quoi parlent-ils à chaque fois? Choisis la bonne réponse.

Exemple A une récré   B une salle de permanence   **C** une cantine

1 A un bulletin scolaire   B une retenue   C un contrôle
2 A un bulletin scolaire   B un exposé   C un contrôle
3 A une retenue   B un exposé   C un carnet de correspondance
4 A un carnet de correspondance   B un contrôle   C un exposé
5 A une cantine   B une salle de permanence   C un centre de documentation
6 A un bulletin scolaire   B une retenue   C un contrôle

Où est Fabien? — 5 POINTS

Ecoute cette conversation au téléphone et réponds aux questions.
1 Où est Fabien?
2 Qui sait où est Fabien?
3 Que fait-il?
4 Quel message est-ce que Vincent a laissé?
5 Quand est-ce que Vincent doit retéléphoner?

Pour la première fois — 14 POINTS

Ecoute ce que Marion a fait en vacances. C'est vrai ✓ ou faux ✗?

1 Le collège organise des visites scolaires tous les ans.
2 Marion est déjà allée en Suisse.
3 Elle était très heureuse quand elle est arrivée chez la famille.
4 Elle y est restée une semaine.
5 Il y avait trois enfants dans la famille.
6 Elle s'entendait très bien avec les enfants.
7 Le frère de Céline s'appelait Georges.
8 Ils ont nagé, ils ont fait du patin et ils sont allés au cinéma.
9 Le week-end elle est allée au zoo.
10 Le dimanche ils ont dîné à la maison.
11 Le film qu'elle a vu était difficile à comprendre.
12 Les filles vont s'écrire pendant l'année.
13 La fille de la famille suisse va passer dix jours chez Marion.
14 Marion garde un bon souvenir de son séjour.

GLOSSARY
8 Listen to these young people discussing school. What exactly is each person talking about? Choose the correct answer.
9 Listen to this telephone conversation and answer the questions.
10 Listen to what Marion did on holiday. Mark a tick for true or a cross for false.

---

10 CHAPITRES 4–6 — PARLER

Mon collège — 16 POINTS

Réponds aux questions.
1 Où se trouve ton collège?
2 Comment est-il?
3 A quelle heure commencent les cours?
4 Combien de professeurs y a-t-il?
5 Il y a combien d'élèves?
6 Où est-ce que tu manges à midi?
7 Qu'est-ce que tu mets pour aller au collège?
8 Qu'est-ce qu'il y a dans une salle de classe typique?

Pour aller à la gare? — 9 POINTS

Regarde le plan de la ville ci-dessous. Explique comment aller à la gare, à la patinoire et au cinéma, à pied.

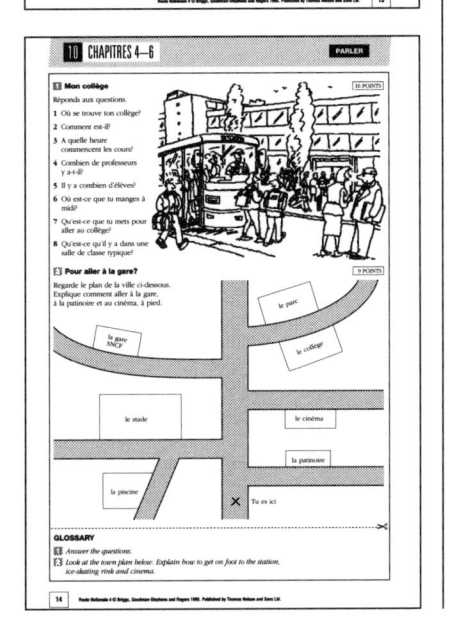

GLOSSARY
8 Answer the questions.
9 Look at the town plan below. Explain how to get on foot to the station, ice-skating rink and cinema.

---

10 CHAPITRES 4–6 — PARLER

La vie scolaire idéale — 15 POINTS

Réponds aux questions.
1 Comment serait ta journée idéale au collège? (emploi du temps, récré, devoirs, heures)
2 Comment seraient les salles de classes idéales? (équipement, couleurs, meubles)
3 Comment serait ton prof idéal? (âge, sexe, vêtements, caractère)
4 Que changerais-tu à l'école si tu pouvais? (cantine, uniforme, emploi du temps, vacances)

Communiquer — 20 POINTS

Fais une présentation sur les raisons pour lesquelles tu écris ou téléphones.
▸ A qui est-ce que tu écris?
▸ Pour quelles raisons?
▸ Est-ce que tu écris des lettres ou des cartes et pourquoi?
▸ A qui est-ce que tu téléphones?
▸ Pour quelles raisons?
▸ Que penses-tu de ces deux moyens de communication?
▸ Que sont les avantages et les inconvénients de chacun?
▸ Lequel préfères-tu?

GLOSSARY
8 Answer the questions.
9 Give a brief talk on the reasons you telephone or write to people.

---

11 CHAPITRES 4–6 — LIRE A

Mon emploi du temps — 5 POINTS

Regarde l'emploi du temps. C'est vrai ou faux?

	lundi	mardi	jeudi	vendredi	samedi
8h30		maths	français	maths	musique
9h30	anglais	anglais	anglais	E.P.S.	techno
10h30	étude	sciences nat.	éd. civique	physique	techno
11h30	allemand	allemand	allemand	étude/orientation	français
14h00	français	maths	E.P.S.	maths	
15h00	histoire-géo	physique	E.P.S.	sciences nat.	
16h00	sciences nat.	dessin	histoire-géo	français	

Exemple 1 vrai

1 J'ai musique, techno et français aujourd'hui. C'est samedi.
2 C'est vendredi. J'ai physique et sciences nat. l'après-midi.
3 J'ai toujours maths le matin. C'est bien ça.
4 J'ai quatre heures d'E.P.S. par semaine cette année.
5 J'adore la musique. Heureusement j'ai deux leçons de musique.
6 J'aime beaucoup le dessin. Mardi est ma journée préférée au collège alors.

Le Minitel — 6 POINTS

C'est quel service au Minitel pour chaque personne?

Exemple 1 L

1 Je voudrais savoir quel temps il fera demain.
2 Je voudrais savoir ce qui se passera dans ma vie pendant ce mois-ci.
3 Je voudrais savoir les heures d'ouverture de l'exposition d'art moderne.
4 Je voudrais acheter un jogging et des baskets.
5 J'ai besoin d'un médecin tout de suite.
6 Je voudrais trouver un club de natation dans la région.
7 Je voudrais savoir le numéro de téléphone du centre sportif.
8 Je voudrais savoir s'il y a un train vers onze heures du matin.
9 Je voudrais savoir ce qui s'est passé aujourd'hui.

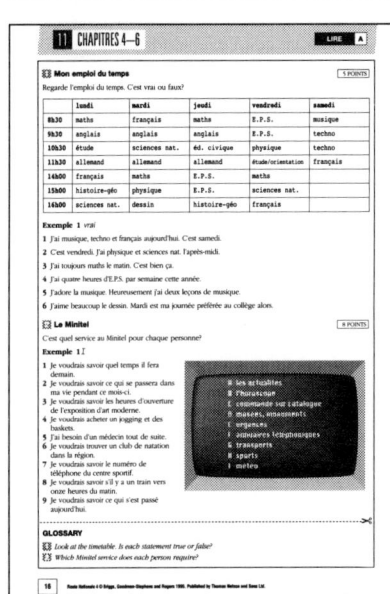

A les actualités
B l'horoscope
C commande sur catalogue
D musées, monuments
E urgences
F annuaires téléphoniques
G transports
H sports
I météo

GLOSSARY
8 Look at the timetable. Is each statement true or false?
9 Which Minitel service does each person require?

---

11 CHAPITRES 4–6 — LIRE A

Une visite scolaire — 12 POINTS

Avant une visite scolaire, ton prof de français te montre ce dépliant sur un centre scolaire en Suisse. C'est vrai ou faux à chaque fois?

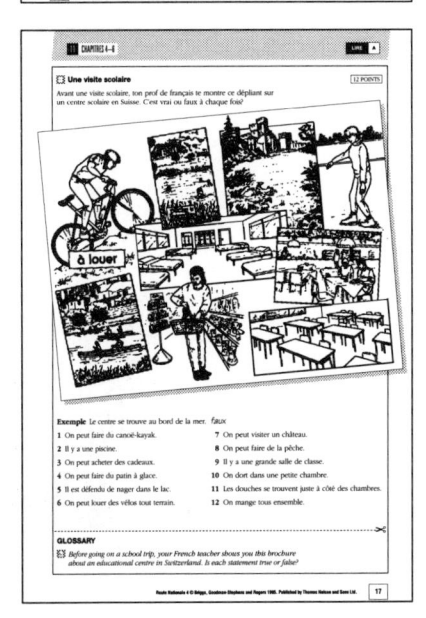

Exemple: Le centre se trouve au bord de la mer. faux

1 On peut faire du canoë-kayak.
2 Il y a une piscine.
3 On peut acheter des cadeaux.
4 On peut faire du patin à glace.
5 Il est défendu de nager dans le lac.
6 On peut louer des vélos tout terrain.
7 On peut visiter un château.
8 On peut faire de la pêche.
9 Il y a une grande salle de classe.
10 On dort dans une petite chambre.
11 Les douches se trouvent juste à côté des chambres.
12 On mange tous ensemble.

GLOSSARY
8 Before going on a school trip, your French teacher shows you this brochure about an educational centre in Switzerland. Is each statement true or false?

7

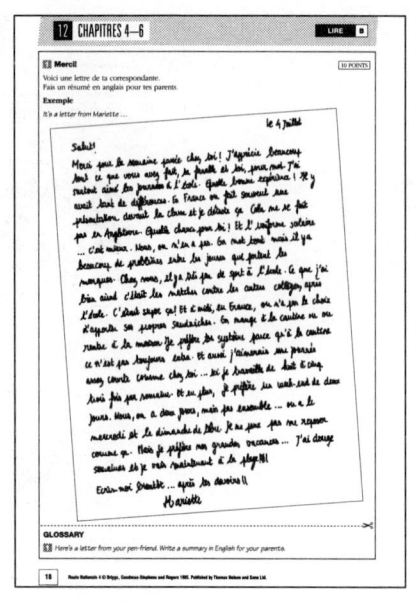

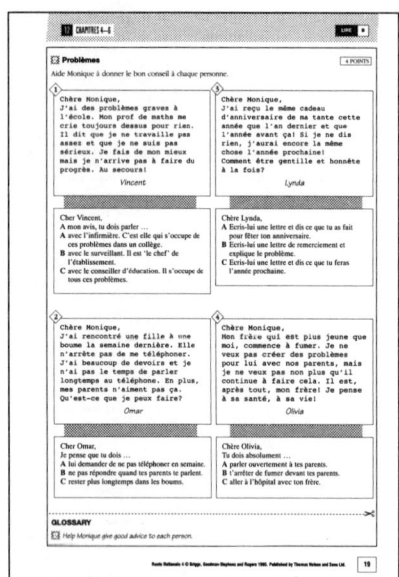

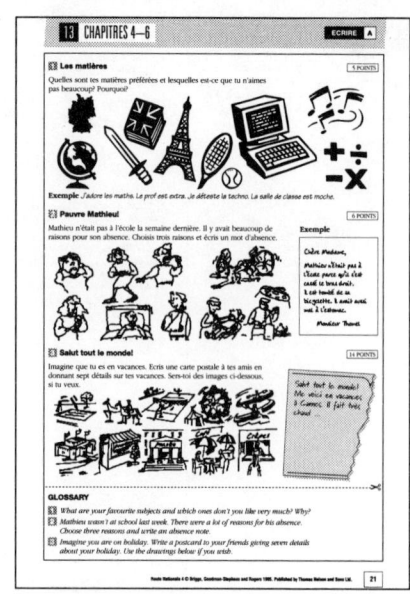

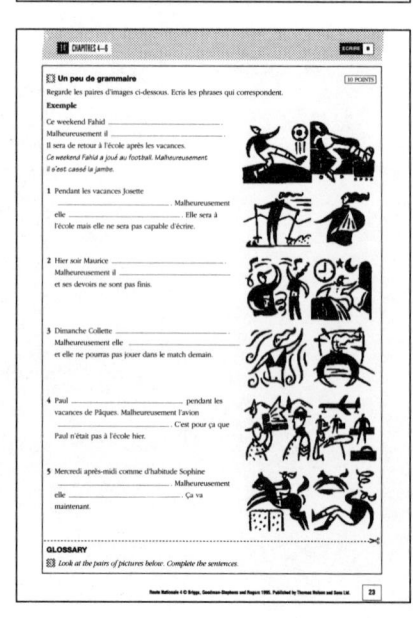

SUMMATIVE TEST MATERIAL

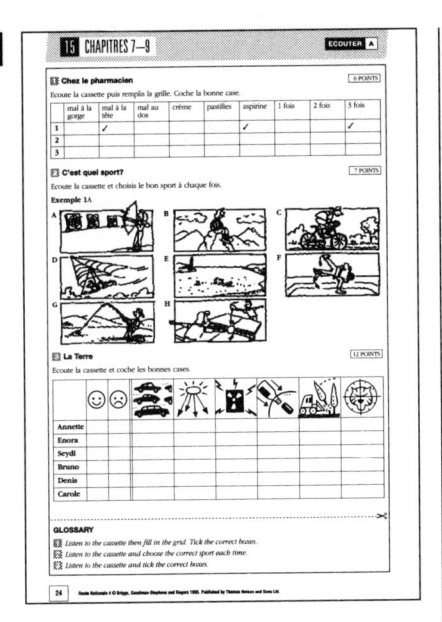

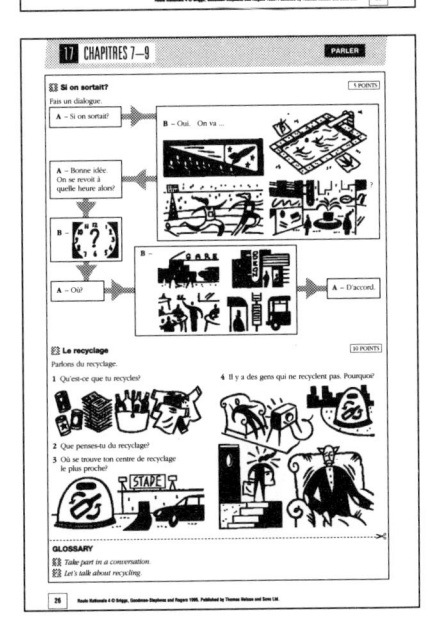

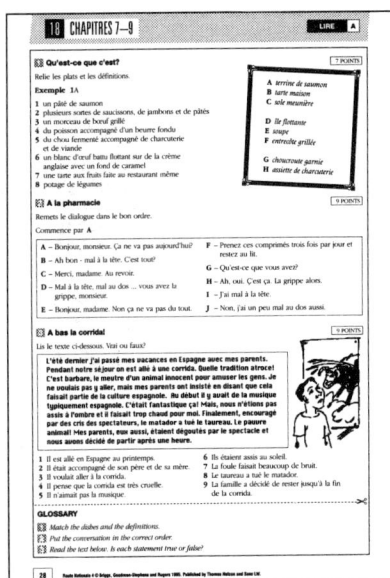

SUMMATIVE TEST MATERIAL

SUMMATIVE TEST MATERIAL

CHAPITRES 7–9

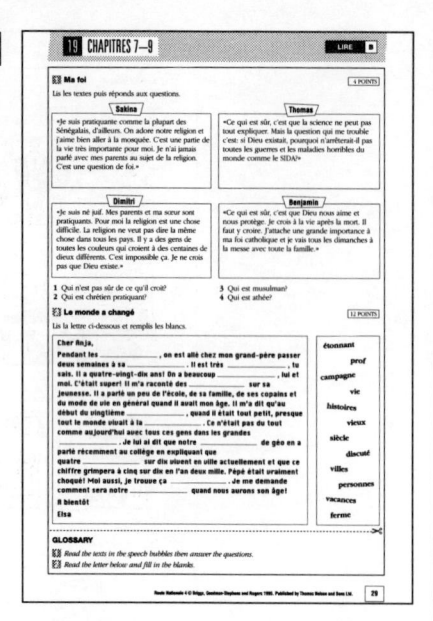

19 CHAPITRES 7–9 — LIRE B

Ma foi (4 POINTS)

Lis les textes puis réponds aux questions.

Sakina
«Je suis pratiquante comme la plupart des Sénégalais, d'ailleurs. On adore la religion et j'aime bien aller à la mosquée. C'est une partie de la vie très importante pour moi. Je n'ai jamais parlé avec mes parents au sujet de la religion. C'est une question de foi.»

Thomas
«Ce qui est sûr, c'est que la science ne peut pas tout expliquer. Mais la question qui me trouble c'est : si Dieu existait, pourquoi n'arrêterait-il pas toutes les guerres et les maladies horribles du monde comme le SIDA?»

Dimitri
«Je suis né juif. Mes parents et ma sœur sont pratiquants. Pour moi la religion est une chose difficile. La religion ne veut pas dire la même chose dans tous les pays. Il y a des gens de toutes les couleurs qui croient à des centaines de dieux différents. C'est impossible ça. Je ne crois pas que Dieu existe.»

Benjamin
«Ce qui est sûr, c'est que Dieu nous aime et nous protège. Je crois à la vie après la mort. Il faut y croire. J'attache une grande importance à ma foi catholique et je vais tous les dimanches à la messe avec toute la famille.»

1 Qui n'est pas sûr de ce qu'il croit?
2 Qui est chrétien pratiquant?
3 Qui est musulman?
4 Qui est athée?

Le monde a changé (12 POINTS)

Lis la lettre ci-dessous et remplis les blancs.

Cher Anja,
Pendant les _____, on est allé chez mon grand-père passer deux semaines à sa _____. Il est très _____, tu sais. Il a quatre-vingt-dix ans! On a beaucoup _____ , lui et moi. C'était super! Il m'a raconté de _____ sur sa jeunesse. Il a parlé un peu de l'école, de sa famille, de ses copains et du monde de vie en général quand il avait mon âge. Il m'a dit qu'au début du vingtième _____ , quand il était tout petit, presque tout le monde vivait à la _____ . Ce n'était pas du tout comme aujourd'hui avec tous ces gens dans les grandes _____ . Je lui ai dit que notre _____ de géo en a parlé récemment au collège en expliquant que quatre _____ sur dix vivent en ville actuellement et que ce chiffre grimpera à cinq sur dix en l'an deux mille. Pépé était vraiment choqué! Moi aussi, je trouve ça _____. Je me demande comment sera notre _____ quand nous aurons son âge!
À bientôt
Elsa

étonnant
prof
campagne
vie
histoires
vieux
siècle
discuté
villes
personnes
vacances
ferme

GLOSSARY
19 *Read the texts in the speech bubbles then answer the questions.*
20 *Read the letter below and fill in the blanks.*

---

20 CHAPITRES 7–9 — ECRIRE A

Patrick recycle les journaux (9 POINTS)

Regarde la grille – qui recycle quoi? Ecris cinq phrases.
Exemple *Patrick recycle les ...*

	📰	🍾	🥫	🧴	📦	👕
1 Patrick	✓					
2 Martine		✓				✓
3 Yann			✓			
4 Eliane				✓		✓
5 Marc					✓	

Et toi? Maintenant écris une phrase qui explique ce que tu fais.

Chère Tante Louise (10 POINTS)

Lis cette lettre et remplis les blancs.

Chère _____ Louise,
Nous voilà enfin dans notre nouvel _____ . Il est vraiment super! Ça a quatre _____ maintenant! J'ai ma propre chambre pour la première fois. La _____ est énorme. Il y a de la place pour la table et on y prend _____ . C'est vraiment bien d'habiter une _____ nouvelle. Il y a beaucoup de choses à faire pour les _____ . Il y a un stade, une piscine, une _____ et un grand centre commercial. Je peux sortir avec mes nouvelles copines. On va partout à _____ . Tout est près de chez nous. C'est pratique aussi pour aller au collège. Je prends le bus à l'arrêt juste devant notre _____ .
Quand est-ce que tu viens nous rendre visite? Il y a de la place pour toi!
Grosses bises
Emmeline

ville
chambres
patinoire
Tante
immeuble
le petit déjeuner
appartement
pied
cuisine
jeunes

Oh, les pauvres! (6 POINTS)

Quel est le problème?
Exemple
Céline a mal à la gorge.

1 David   2 Michèle   3 Mathieu
4 Julie   5 Yannick   6 Sarah

GLOSSARY
20 *Look at the grid – who recycles what? Write five sentences. Now write a sentence which explains what you do.*
21 *Read this letter and fill in the blanks.*
22 *What is the problem?*

---

18 CHAPITRES 7–9 — LIRE B

Championne en kayak (9 POINTS)

Lis le texte. C'est vrai ou faux?

[handwritten letter]

1 Myriam a commencé à faire du kayak quand elle était à l'école maternelle.
2 Une copine a proposé à Myriam de faire du kayak pour la première fois.
3 Ses parents pratiquent aussi ce sport.
4 D'abord Myriam n'était pas confiante dans l'eau.
5 Elle était toujours très contente de faire du kayak.
6 Au début elle passait beaucoup de temps dans la rivière.
7 Pour être fort en kayak, il faut s'entraîner régulièrement.
8 Un grand danger, c'est les branches des arbres qui cassent le bateau.
9 Être dans la nature plaît beaucoup à Myriam.

GLOSSARY
18 *Read the text. Is each statement true or false?*

---

21 CHAPITRES 7–9 — ECRIRE B

Stage de sport (10 POINTS)

Remplis cette fiche d'inscription à un stage de sport en France.

Nom .... Prénom ....
Age .... Date de naissance ....
Quels sports est-ce que tu pratiques? ....
Quel est ton sport préféré? ....
Pourquoi? ....
Depuis combien de temps est-ce que tu fais ce sport? ....
Est-ce que tu fais partie d'un club/groupe de sport? ....
Combien de fois pratiques-tu ce sport par semaine? ....
Quel est ton niveau de compétence? ....
Quel nouveau sport aimerais-tu essayer pendant le stage? ....
Pourquoi? ....
Problèmes médicaux ....

Mon week-end (15 POINTS)

Ecris une lettre d'au moins dix phrases à ton correspondant/ta correspondante qui habite dans le sud de la France. Raconte ce que tu as fait le week-end dernier à Paris.
▶ où tu es allé(e)
▶ chez qui tu es resté(e)
▶ ce que tu as fait
Sers-toi des dessins, si tu veux.

GLOSSARY
21 *Fill in this application form for a sports course in France.*
22 *Write a letter of at least ten sentences to your penfriend who lives in the south of France. Tell what you did last weekend in Paris: where you went, who you stayed with, what you did. Use the drawings if you wish.*

SUMMATIVE TEST MATERIAL

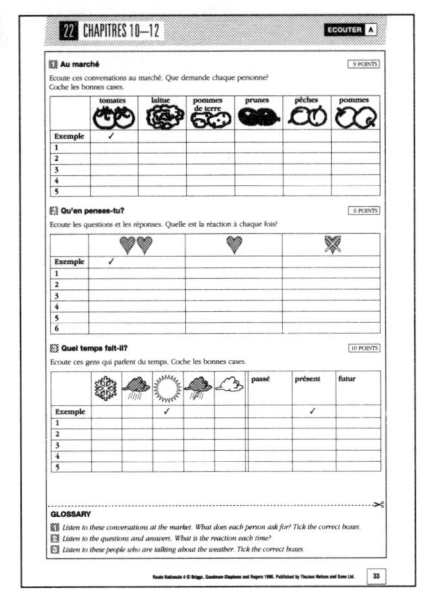

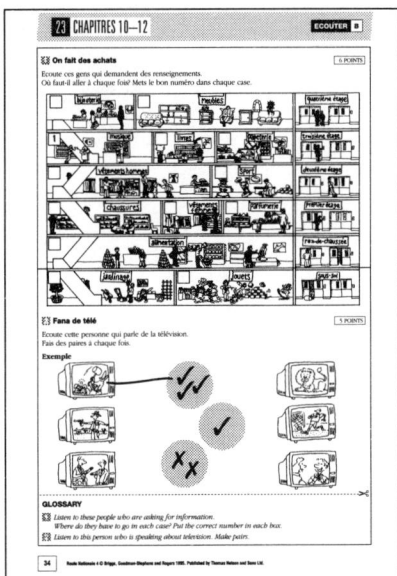

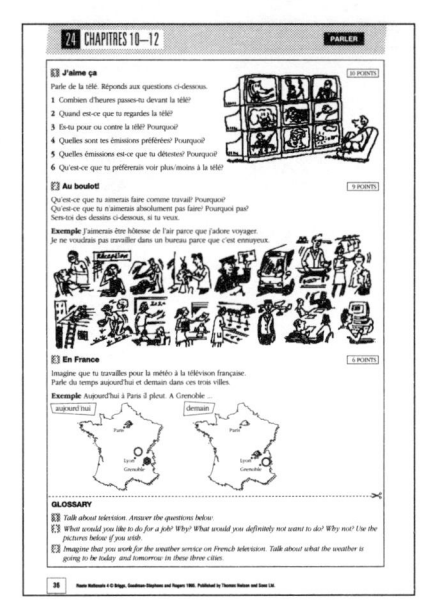

CHAPITRES 10–12

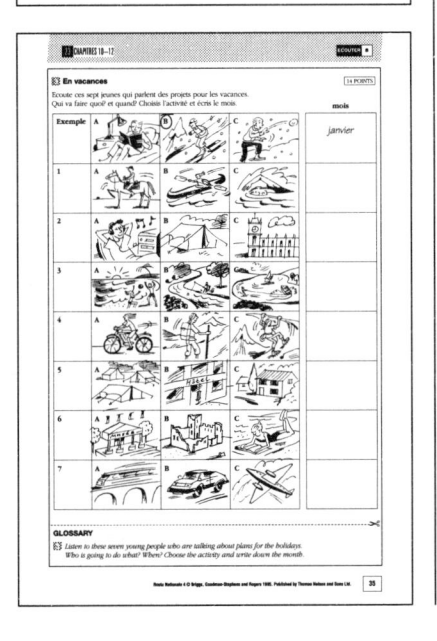

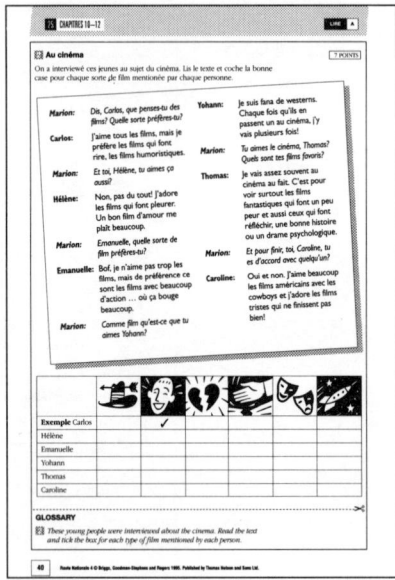

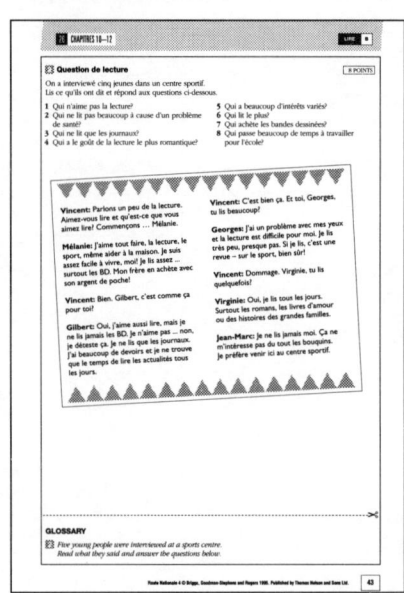

SUMMATIVE TEST MATERIAL

CHAPITRES 10–12

SUMMATIVE TEST MATERIAL

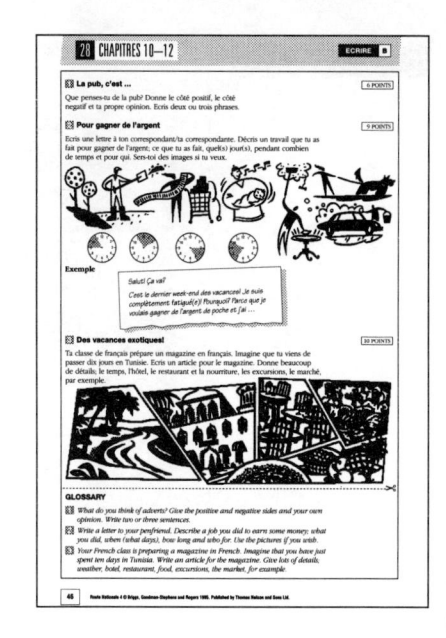

SUMMATIVE TEST MATERIAL

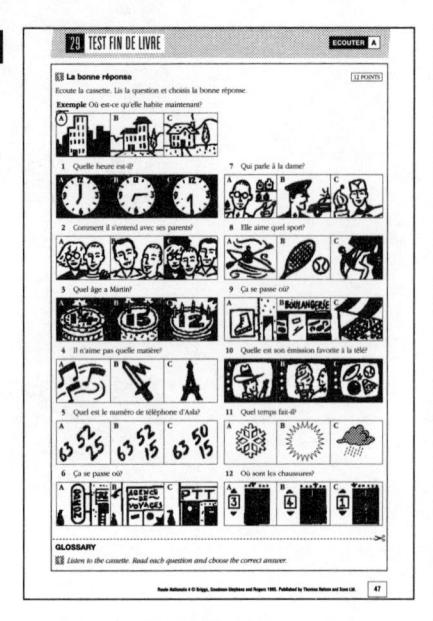

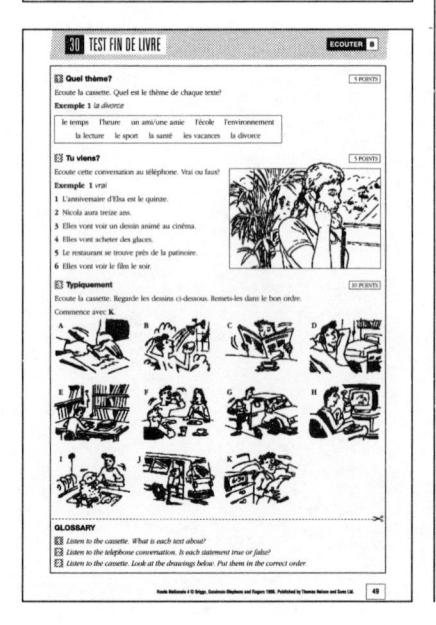

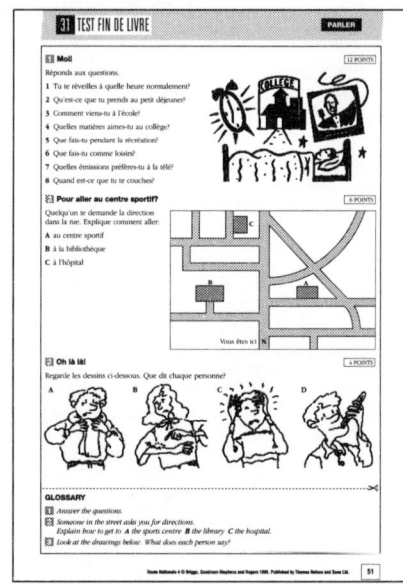

SUMMATIVE TEST MATERIAL

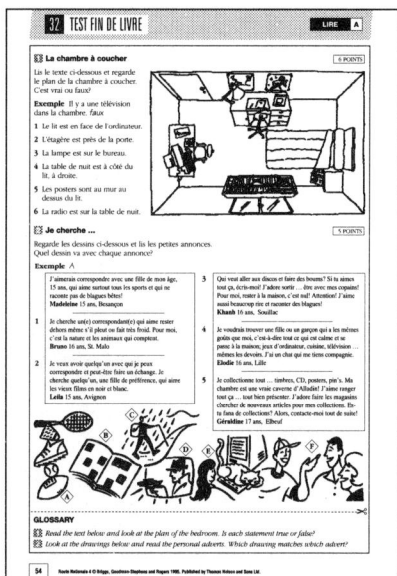

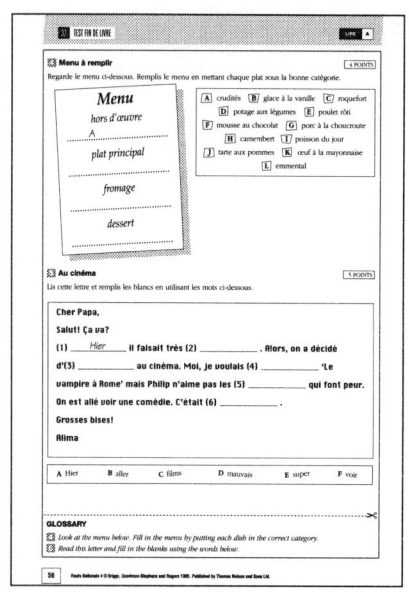

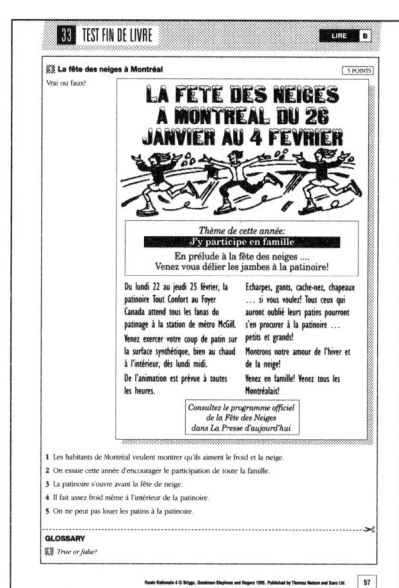

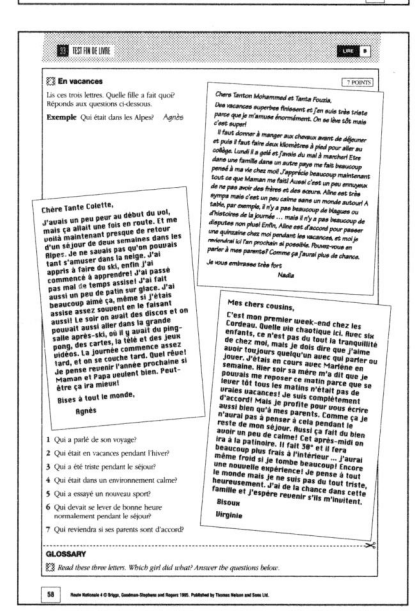

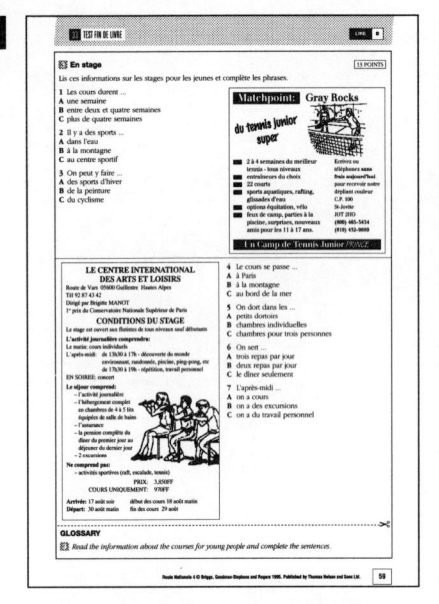

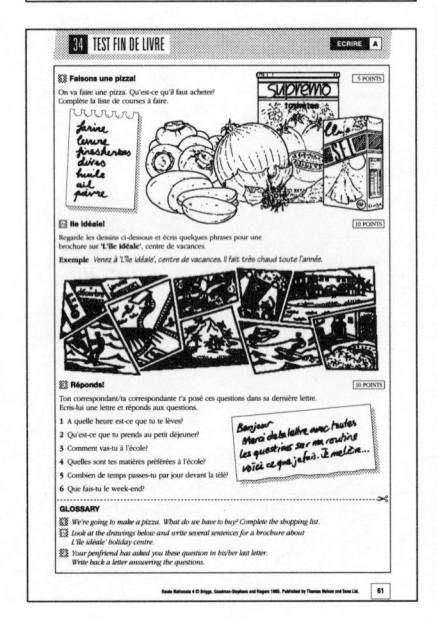

SUMMATIVE TEST MATERIAL

16

TRANSCRIPTS

CHAPITRES 1–3
Ecouter A

1 Bonne nuit
1 – Bonne nuit tout le monde.
  – Bonne nuit, Gérard. Dors bien.
2 – Réveille-toi. Tu vas être en retard pour l'école.
  – Oh non! Je suis fatigué.
3 – Tu manges à la cantine?
  – Oui, bien sûr.
  – Je t'accompagne.
4 – Qu'est-ce que tu regardes?
  – C'est une émission sur le sport. C'est bien.
5 – Tu veux du pain grillé?
  – Non, je prends des céréales aujourd'hui et un jus d'orange, s'il te plaît.

2 Les familles, c'est ça
1 Mes parents sont divorcés. J'habite avec ma mère mais je passe le week-end chez mon père. Je m'entends très bien avec mes parents. Je n'aime pas les voir séparés comme ça.
2 J'ai des problèmes avec mon père. On se dispute beaucoup. Je le vois une fois par mois. Je préfère rester avec ma mère.
3 Ma sœur et moi, on s'entend vraiment bien. On se dispute rarement. Elle est vraiment gentille. On a beaucoup de choses en commun.
4 J'ai quinze ans et j'ai un frère et deux sœurs. A la maison c'est la guerre entre tous les enfants. C'est affreux. Nos parents sont sévères mais on se dispute quand même.

3 Aujourd'hui et avant
Je m'appelle Chantal. J'aime bien habiter en France. On a un appartement avec quatre chambres en centre-ville. J'y habite avec mes parents et mon frère depuis trois ans. Mais on n'a pas toujours habité en France. Avant, c'est-à-dire il y a trois ans, on avait une grande maison en Guadeloupe. C'était magnifique. Il faisait beau tout le temps, même en hiver. Je n'aimais pas aller au collège. Je préférais aller à la plage, faire de la planche à voile. Là où on habite maintenant, dans le nord-ouest de la France il fait beaucoup plus froid en hiver. Mais j'aime bien aller à l'école maintenant. En plus je trouve qu'il y a beaucoup de choses à faire ici pour les jeunes.

Ecouter B

1 De préférence
Jacqueline – Salut. Tu vas où?
Martin – En ville. Je vais prendre le bus. Tu viens?
Jacqueline – Tu vas faire quoi alors?
Martin – Bof, j'ai beaucoup à faire. Je vais aller au magasin de sport acheter une paire de baskets. Je dois aussi acheter du papier à écrire. Puis je dois acheter un cadeau pour ma mère. C'est son anniversaire. Après tout ça je vais manger quelque part. Ça te dit?
Jacqueline – Peut-être. Tu vas manger où?
Martin – Au fast.
Jacqueline – Bah! Tu aimes ça, les hamburgers, toi?
Martin – Ben oui, c'est bon. J'adore ça. Pas toi?
Jacqueline – Oh, écoute, j'ai horreur de ça. C'est dégoûtant.
Martin – Qu'est-ce que tu préfères, toi? Qu'est-ce que, toi, tu aimes manger?
Jacqueline – Bof, je ne sais pas … si, enfin, le curry et les spaghettis.
Martin – Ben, moi j'aime bien les spaghettis, mais le curry, je n'aime pas tellement.
Jacqueline – Alors, on peut aller au restaurant italien sur la Place du Marché!
Martin – On y mange bien?
Jacqueline – Tu parles! C'est super!
Martin – Entendu. On y va?

2 Un bon copain
Simon – Tu as beaucoup d'amis toi?
Sylvie – Non, je n'ai pas beaucoup d'amis. Pour moi il est très important de bien choisir ses copains. Et toi?
Simon – Moi, j'ai beaucoup de copains … dans ma classe. On est tous du même âge. C'est bien d'avoir beaucoup d'amis, je trouve.
Sylvie – Moi, je préfère les copains qui sont plus âgés que moi. Mon meilleur ami, par exemple, a vingt ans!
Simon – Quoi? Vingt ans. Vous avez quoi en commun avec quelqu'un de cet âge?
Sylvie – Le sens de l'humour. Cela est très important. On ne doit pas tout prendre au sérieux, tu sais.
Simon – D'accord. Mais c'est aussi important d'avoir les mêmes intérêts comme mes amis et moi. C'est ennuyeux quand un copain te parle des choses que tu ne comprends pas vraiment.
Sylvie – Moi, je ne suis pas d'accord. C'est la communication qui est importante. Un copain doit habiter tout près. Comme ça on peut se voir facilement.
Simon – Bof, cela ne compte vraiment pas avec le téléphone et tout ça. Et en plus, on se voit presque tous les jours au collège!
Sylvie – Peut-être. Mais, dis … qu'est-ce qui t'énerve chez tes copains?
Simon – Je n'aime pas qu'on me critique trop!
Sylvie – Oui, mais un bon copain, c'est un vrai ami! Et cela veut dire qu'on se parle honnêtement.

3 Ma routine
1 **Gilles Brieuc** – Je travaille en équipe. On sort quatre ou cinq fois par semaine avec le bateau. On part très tôt, vers trois heures du matin. On travaille pendant toute la matinée, jusqu'à midi, puis on s'arrête pour casser la croûte une petite demi-heure. On reprend à midi et demi et on rentre au port vers quatre heures de l'après-midi.

17

Ensuite il nous reste encore une heure de travail pour ranger le matériel et apporter les poissons à la co-opérative. Bien sûr tout dépend du temps - on ne peut pas faire des sorties par un temps trop mauvais. Mais, des fois on se trouve dans une situation dangereuse. Heureusement, j'ai un bon équipage et on s'amuse bien en travaillant. C'est un métier qui me plaît énormément même si ce que je fais est très dur.

2 **Martine Lagrange** – C'est une routine assez stricte. Il faut s'occuper des clients et des coups de téléphone, souvent en même temps! En plus il y a un bon nombre de clients qui ont peur. Surtout ceux qui ne soignent pas bien leurs dents. Mais le dentiste est sympathique avec tous les clients, surtout les enfants. Je commence ma journée de travail à huit heures et demie. Je présente la liste des rendez-vous au dentiste et lui parle des problèmes. Je prépare un café pour tout le monde vers onze heures et je continue à travailler jusqu'à midi. A midi, je rentre prendre le déjeuner. Je m'arrête souvent en route au supermarché en ville. Je reprends le travail à deux heures. Vers la fin de l'après-midi je vérifie la liste des rendez-vous pour le lendemain. Je finis à six heures. Ce n'est pas vraiment dur comme travail, mais c'est bien fatigant. On n'a pas beaucoup de temps à soi pendant les heures de travail, mais ce n'est pas ennuyeux du tout. J'apprécie beaucoup mon boulot.

CHAPITRES 4–6

Ecouter A

1 A l'école

Exemple Ce que j'aime bien, c'est la géo. C'est passionnant.

1 J'aime bien histoire. Le prof est extra!
2 Aujourd'hui c'est lundi, d'abord j'ai français.
3 Quelle journée difficile! J'ai anglais et sciences nat. ce matin.
4 Techno? Je déteste ça, moi!
5 J'ai musique aujourd'hui et anglais. C'est ma journée préférée.
6 Zut! Je n'ai pas fini mes devoirs de maths et j'ai cours après le déjeuner.
7 Chic alors! C'est vendredi et j'ai anglais et sport.

2 Les numéros de téléphone

Exemple
– Delphine, connais-tu le numéro de téléphone de Tante Marine?
– Bien sûr, c'est le 52 15 25.
– Attends un peu … 52 15 et puis 25?
– Oui, c'est ça, 52 15 25.

1 – Téléphone-moi ce soir, c'est le 12 14 35.
– D'accord. 12 14 … et après ça?
– 35. C'est le 12 14 35.

2 – Tu peux me donner ton numéro de téléphone?
– Oui bien sûr. C'est le 40 52 16.
– Attends … je cherche un stylo … alors c'est le …
– Oui, c'est le 40 52 16.

3 – J'aime mon numéro de téléphone. C'est facile … 10 20 10.

4 – Tu as le numéro de téléphone de Sandrine?
– C'est le …, c'est le 33 66 25 … oui, c'est ça, c'est le 33 66 25.

5 – On a changé de numéro de téléphone. Voilà mon nouveau numéro … c'est le 48 37 11. Tu veux que je le répète?
– Oui, s'il te plaît.
– Bon, c'est le 48 37 11.

6 – Le numéro de Robert, tu le connais?
– Oui, c'est le 62 15 28.
– Peux-tu me répéter ça?
– Bien sûr, c'est le 62 15 28.

3 C'est où?

Exemple
– Excusez-moi. Pouvez-vous me dire où se trouve le lait?
– Le lait? Il est là-bas, à côté du sucre au deuxième rayon.

1 – Trois billets pour la salle trois, s'il vous plaît.
– Voilà, trois billets pour la trois.

2 – Tintin aime se promener ici … avec l'herbe et les arbres.

3 – Bonjour. Vous désirez?
– Un timbre pour la Suisse, s'il vous plaît.

4 – L'eau est froide aujourd'hui!
– Oui, mais une fois dedans ça va! Viens!

5 – Un gros pain et deux baguettes, s'il vous plaît.
– Avec cela?
– Rien merci.

6 – J'aime voir toutes ces peintures italiennes. Elles sont si jolies.
– Moi, je préfère l'art moderne.

7 – Où est le musée des transport, s'il vous plaît?
– Le musée des transport, voyons. Vous prenez le bus numéro trois. C'est direct. L'arrêt est juste devant.

8 – Deux aller-retour pour Nantes, s'il vous plaît.
– Deuxième classe?
– Oui, s'il vous plaît.

9 – Voici mesdemoiselles. Un croque-monsieur, un hot-dog et deux frites.
– On peut avoir deux oranginas aussi, s'il vous plaît.

TRANSCRIPTS

Ecouter B

1 De quoi parlent-ils?
Exemple
– Ça va? Qu'est-ce que tu as?
– J'ai mal à la tête. Il y a toujours trop de bruit dans cette salle pendant le déjeuner.

1 – Zut! Je n'ai pas fait mes devoirs de maths et le prof m'a donné une heure après l'école. Maman ne sera pas du tout contente.
– Mais c'est la première fois cette année. Elle va comprendre.

2 – Bravo! Au-dessus de la moyenne dans toutes les matières. Et excellent en maths. Bravo ma fille!
– Merci, Papa. Moi aussi, je suis super contente. J'ai beaucoup mieux fait que l'an dernier, n'est-ce pas?

3 – J'ai beaucoup travaillé ce week-end. J'ai tout préparé mais je n'aime pas parler devant la classe.
– Mais tu as toujours de bonnes notes. Et cela ne dure pas longtemps, tu sais. Courage!

4 – Tiens, Papa. Il faut lire ça et répondre au prof dedans avant mardi.
– Voyons. Monsieur Baumont dit que tu as du mal avec la multiplication. Montre-moi un peu ton cahier de maths. On peut en faire un peu maintenant!

5 – Le surveillant est gentil mais je n'arrive jamais à travailler. C'est une heure perdue entre mes deux cours le lundi.
– Je sais. Mais il peut t'aider avec tes devoirs si tu as des problèmes.

6 – J'ai répondu à toutes les questions et j'ai beaucoup écrit. Je pense que je vais avoir une bonne note.
– Pas moi. Je n'ai rien écrit pour le dix! Et je ne suis pas du tout sûr du quatre non plus.

2 Où est Fabien?
– Allô?
– Bonjour. Je peux parler à Fabien?
– Désolé. Il n'est pas à la maison. Attends. Je vais demander à ma femme où il est. Jacqueline! Où il est Fabien? … Oui, c'est ça. Il est au centre sportif. Il s'entraîne pour un concours de tennis. Tu veux laisser un message?
– Oui, s'il vous plaît. Dites-lui que Vincent a téléphoné. Mais je rappellerai plus tard.
– D'accord. Mais pas après neuf heures et demie s'il te plaît.
– Oui, d'accord.

3 Pour la première fois
L'an dernier, pour la première fois, notre école a fait un échange avec un lycée en Suisse. Pour moi, c'était aussi le premier voyage à l'étranger. Au début, j'étais un peu triste. Je pensais beaucoup à ma famille, mais le deuxième jour ça allait mieux et j'ai passé dix jours très agréables. Dans la famille il y avait une fille de mon âge, Céline, et un garçon de quatorze ans qui s'appelait Guillaume. Ils étaient tous les deux gentils, alors on sortait toujours ensemble … à la piscine, à la patinoire, chez des copains et au cinéma. Le week-end, il n'y en a eu qu'un seul, toute la famille est allée au parc zoologique, les enfants et les parents Georges et Anne-Laure, et ensuite au théâtre voir de la danse moderne. Ça, c'était le samedi. Et le dimanche on est allé au marché et puis on avait des invités pour un grand repas à midi. L'après-midi tous les enfants écoutaient de la musique et après on a regardé une vidéo … un film comique. C'était facile de comprendre ce qui se passait. Et voilà. Quelle bonne experience! Céline et moi on va rester correspondantes et elle va venir passer dix jours chez nous en été.

CHAPITRES 7–9

Ecouter A

1 Chez le pharmacien
1 – Bonjour, madame.
– Bonjour, monsieur. J'ai très mal à la tête.
– Ah bon? Prenez deux comprimés d'aspirine trois fois par jour.
– Merci, monsieur.

2 – Bonjour, monsieur. Qu'est-ce qui ne va pas?
– J'ai mal au dos. Je fais beaucoup de sport, vous savez.
– D'accord, monsieur. Mettez cette crème deux fois par jour; matin et soir.
– Ah, merci monsieur.

3 – Ça ne va pas aujourd'hui, madame?
– Non, je crois que j'ai la grippe.
– Vous avez mal à la gorge?
– Oui.
– Et de la fièvre?
– Non.
– Eh bien, prenez ces pastilles une fois par jour.

2 C'est quel sport?
1 Robin des Bois a pratiqué ce sport. On atteint une cible avec une flèche. Ça demande beaucoup de précision.

2 Mon sport préféré est un sport pour deux ou quatre joueurs. On joue avec une petite raquette et une petite balle sur une table.

3 J'adore ce sport. On vole comme un oiseau. On a une vue superbe sur toute la campagne. Et c'est très calme.

4 J'adore être seul dehors au bord de la rivière. J'ai beaucoup de patience et j'adore la compétition entre moi et les poissons.

19

5 C'est un sport japonais. On porte un kimono blanc avec une ceinture. On utilise la force et le poids de son adversaire pour gagner.

6 Ce sport peut se faire dans un lac, une rivière, et une piscine. Mais moi, je suis très bon nageur et je préfère la mer, surtout en été.

7 C'est dangereux mais j'adore quand j'arrive au sommet d'une montagne. Il y a toujours des vues superbes. Quel spectacle!

8 C'est le sport le plus populaire en France. On peut le faire seul, avec ses copains ou en famille. On peut le faire en ville, à la campagne ou même en montagne. Il faut simplement un vélo.

3 La Terre

1 Annette
Je suis optimiste. Tous mes copains recyclent les bouteilles et les journaux maintenant. Et moi aussi bien sûr!

2 Enora
Je trouve que la Terre est très en danger. On continue à détruire la forêt tropicale, par exemple. Ça me rend triste et très pessimiste.

3 Seydi
Ce n'est pas trop tard pour la Terre! Je reste optimiste! Il y a des problèmes bien sûr, mais on fait beaucoup maintenant. On protège par exemple les animaux, surtout les espèces rares.

4 Bruno
Alors moi, je suis optimiste. Mais, il faut bien sûr économiser les ressources naturelles de la Terre, en utilisant le nucléaire, par exemple.

5 Denis
A mon avis on ne fait pas de progrès du tout. Ce qui m'inquiète en particulier, c'est l'effet de serre. Je suis alors très pessimiste.

6 Carole
Il y a un grand problème de pollution dans nos grandes villes à cause des voitures. Tout cela me rend malheureusement très pessimiste.

Ecouter B

1 Là où on habite

1 Là où j'habite il y a un centre commercial avec tout ce qu'il faut. En ce qui concerne les courses alors ... aucun problème.

2 Ici, il n'y a pas de lycée. Il n'y a même pas d'école primaire. On est en pleine campagne. Et les transports ne sont pas des meilleurs. Un bus passe trois fois par semaine seulement.

3 Comme il n'y a pas de boulangerie dans ce village, le boulanger passe tous les jours, même le dimanche.

4 Le parking souterrain dans le centre est vaste! Il y a de la place pour des centaines de voitures.

5 C'est bien, notre immeuble. C'est moderne, c'est vrai! Mais j'aime bien cette architecture.

2 Pour et contre

1 A mon avis, le rugby est un sport trop dangereux. Il y a toujours beaucoup de blessés à la fin d'un match. J'aime pas ça, moi. En plus, c'est un jeu d'équipe et je n'aime pas ça non plus.

2 L'escalade est un sport que j'aime bien. C'est la personne contre la montagne. Et une fois arrivée en haut, tu as des vues superbes! Quel spectacle!

3 La boxe? C'est de la violence pure. Je déteste voir deux hommes se faire mal devant le public.

4 Un sport que j'adore, c'est l'escrime. Ce n'est pas du tout dangereux. C'est de la vraie compétition entre deux individus.

5 La corrida est un spectacle atroce, à mon avis. Je trouve que c'est barbare comme sport. On tue un animal innocent et quelquefois le matador meurt aussi!

3 Après l'an 2 000

– Comment voyez-vous le vingtième siècle et l'avenir?
– Le vingtième siècle a été avant tout un siècle riche en contrastes. On a pu profiter d'inventions incroyables; l'ordinateur, par exemple, et de découvertes étonnantes comme l'énergie nucléaire. En plus, l'homme a fait des voyages dans l'espace, même sur la lune. Et grâce aux progrès faits dans le domaine de la médecine on vit plus longtemps maintenant dans des conditions de vie beaucoup plus favorables.
Mais à quel prix? Comment sera la vie après l'an 2 000 pour nos enfants, les jeunes d'aujourd'hui qui seront les adultes de demain? A mon avis, les guerres, peut-être même une autre guerre mondiale, continueront à menacer la vie des peuples du monde entier. En ce qui concerne l'environnement, je pense qu'il n'y aura plus de villes non polluées, plus d'espèces rares.

CHAPITRES 10–12

Ecouter A

1 Au marché

Exemple
– Bonjour madame. Vous désirez?
– Un kilo de tomates seulement aujourd'hui.

TRANSCRIPTS

1 – Monsieur, bonjour! Que prenez-vous ce matin?
   – Un demi-kilo de tomates et quatre pêches, s'il vous plaît.

2 – Bonjour monsieur. Je veux des prunes. Donnez-moi six belles prunes, s'il vous plaît.
   – Voilà six jolies prunes juste pour vous!

3 – Pour vous madame?
   – Bonjour monsieur. Je voudrais un kilo de pommes et une laitue.
   – Et avec cela?
   – Rien, merci.

4 – C'est à vous mademoiselle.
   – Ah, bon. Il me faut sept pêches … pas trop grosses, et un kilo de pommes de terre.

5 – Vous désirez?
   – Oui … je prends, voyons … oui, je voudrais cinq ou six pommes, de belles, n'est-ce pas? Et aussi de la salade … une laitue bien fraîche.

2 Qu'en penses-tu?

Exemple
   – Que penses-tu de la pub, toi?
   – La pub, moi je la trouve fantastique. Je m'intéresse beaucoup à ça.

1 – Tu aimes lire?
   – La lecture est très importante je le sais, mais je n'aime pas du tout ça.

2 – Est-ce que tu aimes le cinéma?
   – Je vais de temps en temps au cinéma. Il y a quelques bons films mais pas beaucoup.

3 – La musique. Tu aimes beaucoup ça, toi?
   – Oh là, là. La musique, c'est ma vie! J'écoute toujours quelque chose … la radio, des CD, des cassettes!

4 – A la télé il y a beaucoup d'émissions qui font peur. Que penses-tu de cette sorte d'émission?
   – Je déteste tout ça. J'ai facilement peur et je n'arrive pas à dormir après.

5 – Quand tu dépenses ton argent de poche, est-ce que c'est sur les bandes dessinées?
   – Rarement. Je les lis chez mes amis si je n'ai rien d'autre à faire. Mais comme lecture je préfère les livres sur l'histoire.

6 – En parlant des films, quelle est ton opinion sur les fins qui font pleurer?
   – Ça! Je ris toujours quand ma sœur ou ma mère pleure à la fin d'un film. C'est ridicule. Ce n'est qu'une histoire après tout!

3 Quel temps fait-il?

Exemple
   – Réveille-toi Aline! C'est extra! Il fait encore un temps super aujourd'hui!

1 – Quel temps affreux. Il pleut toujours. J'en ai marre!

2 – Il a fait si beau hier. Il y avait du soleil toute la journée.

3 – Pas de ski demain. Il fera un temps couvert mais pas de neige.

4 – Mets ton manteau, chéri, et apporte ton parapluie. Il va certainement pleuvoir cet après-midi.

5 – Tu t'es bien amusé le week-end?
   – Oui, mais on n'a pas fait de cheval parce qu'il y avait des orages prévus.

Ecouter B

1 On fait des achats

Exemple
1 – Je cherche des CD. C'est où le rayon musique?
   – Musique? Au troisième étage.

2 – S'il vous plaît. Pouvez-vous me dire où je peux trouver un livre de cuisine?
   – Oui, bien sûr. Il y a un grand choix au rayon livres … au troisième.

3 – Excusez-moi madame. Mais je ne vois pas le rayon bijoux.
   – Pour ça, c'est au quatrième … juste à côté de l'escalier.

4 – Je peux vous aider?
   – Oui, je cherche le rayon jardinage. Avant c'était par ici.
   – C'est vrai. Mais depuis un mois il se trouve au sous-sol.

5 – Vous pouvez m'indiquer où sont les vêtements?
   – Femmes, hommes ou enfants?
   – Femmes, s'il vous plaît.
   – Alors, juste en face, là, après les chaussures et avant la parfumerie.

6 – Vous cherchez quelque chose?
   – Oui, ah, merci. Où sont les baskets? Chaussures ou sport?
   – Pour cela, il vaut mieux commencer par le rayon de sport au deuxième.

7 – Il y a un rayon d'alimentation dans ce magasin monsieur?
   – Certainement, un très bon. Il est derrière vous … presque tout le rez-de chaussée. Regardez.
   – Ah, oui! Je ne l'ai pas remarqué. Parfait, merci.

2 Fana de télé

Exemple Moi, la télévision, je trouve en général que c'est bien. A mon avis la meilleure sorte d'émission, c'est les émissions comiques. J'aime beaucoup rire et m'amuser devant la télé après une longue journée d'école et mes devoirs.

J'aime beaucoup aussi, bien sûr, les dessins animés. Alors là, je ris comme une folle! Ce que je déteste c'est le sport à la télé. Il y en a trop et c'est ennuyeux. Les films aussi, je n'aime pas du tout. Il y a trop de films américains et trop de films violents. Ce que j'aime assez, par contre, c'est les documentaires. C'est bien de voir les animaux et les régions exotiques. Mais pas trop, non plus. Eh, oui, j'ai presque oublié les actualités. Je les regarde tous les jours sans exception. Je les aime pas beaucoup mais je sais quand même, qu'il faut les regarder.

3 En vacances

Exemple Normalement au mois de janvier pendant les vacances scolaires, on reste à la maison ou on va quelques jours chez mes cousins. Mais cette année on va passer dix jours dans les Alpes à faire du ski!

1 Au mois de juin et en septembre, on sera à la maison mais on passe tout le mois de juillet dans le sud à côté d'une rivière où on peut faire du bateau tous les jours.

2 Cet été, comme papa n'a pas de travail, il faut rester à la maison attendre des possibilités. Mais il a promis de partir … une semaine seulement, peut-être fin juillet, faire du camping sauvage.

3 Nous aimons tous dans la famille faire du sport, surtout tout ce qui se fait dans l'eau. Alors, on part tout le mois d'août nager, faire du ski nautique et de la planche à voile sur un grand lac près de chez ma grand-mère. Alors, on restera chez elle. Des vacances idéales quoi!

4 C'est le même problème chaque année; en avril, à Pâques, où passer des vacances? Moi je veux faire du vélo, ma sœur préfère des randonnées à la montagne et mon père veut toujours faire de l'escalade. Chaque année une personne choisit et cette année c'est à moi! Alors, allons-y à bicyclette tout le monde!

5 On part deux semaines, les dernières semaines de juillet dans le même endroit où on va chaque année. Mais cette fois-ci on ne reste pas dans le petit hôtel comme d'habitude. On a loué un gîte avec la place pour notre famille et ma cousine qui a le même âge que moi. Ça va être extra!

6 Les vacances de la Toussaint en novembre se passent toujours pareil. Après de très longues discussions, on fait toujours la même chose. On fait le tour des vieilles pierres, c'est-à-dire, visiter des anciennes ruines perdues dans la campagne. Mais, je commence à aimer ça parce qu'on apprend pas mal de choses dessus en histoire à l'école.

7 Quelle chance! Pour la première fois on ne part pas en avion. Moi, je suis toujours malade et je vomis au moins deux ou trois fois pendant le vol. Cette année, en février, on part en train, pour aller en Suisse voir nos cousins.

TEST FIN DE LIVRE
Ecouter A
1 La bonne réponse
Exemple
 – Avant j'habitais une petite maison à la campagne, mais maintenant j'habite un assez grand appartement dans un immeuble en centre-ville.

1 – Réveille-toi! Il est déjà sept heures.
 – Ah, non. Je suis toujours fatiguée.

2 – Mes parents sont divorcés. J'habite avec mon père mais je vois ma mère tous les week-ends. Je m'entends très bien avec mes parents.

3 – Je m'appelle Martin. J'ai quinze ans. J'ai trois sœurs aînées et un frère de douze ans.

4 – J'ai musique, maths et français ce matin. Heureusement je n'ai pas histoire. Je déteste ça. Notre prof d'histoire est nul.

5 – Quel est ton numéro de téléphone, Asla?
 – C'est le 63 52 15.
 – Attends un moment. Je cherche du papier. Bon alors, c'est le 63 …
 – Oui, 63 52 15.

6 – Bonjour. Vous désirez?
 – Deux timbres pour les Etats-Unis, s'il vous plaît.

7 – Bonjour madame.
 – Bonjour monsieur.
 – Qu'est-ce qui ne va pas?
 – J'ai de la fièvre et j'ai mal à la gorge.
 – Bon. Rentrez tout de suite, allez vous coucher et prenez ces pastilles deux fois par jour.

8 – J'adore ce sport. J'aime bien être dans la nature et ça me fait plaisir d'être tout près de l'eau … sur un grand lac ou une rivière.

9 – Monsieur?
 – Ah, bon! Il me faut deux kilos de pommes de terre et six tomates.
 – Et avec cela?
 – Rien merci.

10 – A la télé il y a trop de vieux films et trop d'émissions de sport. Ce que j'aime, c'est les feuilletons, surtout les feuilletons américains.

11 – Quel temps splendide pour faire du ski! Il a neigé pendant la nuit et maintenant il y a un ciel bleu et il fait du soleil.

12 – C'est où le rayon chaussures s'il vous plaît?
 – C'est au troisième étage, près des vêtements d'homme.

2 Une famille sportive

Moi, c'est Maryse. Nous faisons tous beaucoup de sport dans notre famille. On aime tout et on fait un peu de tout, mais chacun a une préférence. Ma sœur, Sophie, a toujours aimé l'eau. On l'appelle 'petit poisson'! Elle va vite et gagne surtout au crawl. Elle est très souvent à la piscine. Et, mon frère, Guillaume … il adore les chevaux. Tous les jours il se lève tôt pour aller à la ferme. Le dimanche, il y reste toute la journée! Ma mère travaille dans un hôpital et quand elle est libre, elle cherche la tranquillité. Elle passe des heures à la rivière, sa canne à pêche à la main et notre chien à côté. Mon père? Eh bien, lui, il travaille dans un bureau et le soir après le dîner il part à vélo à la campagne faire des kilomètres sur des petites routes. Il laisse la voiture à la maison! Et enfin, moi, je préfère les sports plus dangereux et mon favori c'est la spéléo. Je la pratique presque chaque week-end avec ma cousine.

3 Jumeaux à l'école

Moi, je m'appelle Georges. J'ai quinze ans comme mon frère Martin. On est jumeaux, bien sûr! On a beaucoup en commun. A l'école, par exemple, nous aimons tous les deux sport et maths. Mais pour le reste ce n'est pas du tout comme ça. Moi, j'adore les langues, espagnol et anglais. Mais Martin n'aime pas parler devant les autres. Il préfère technologie et dessin. Moi, je n'aime pas du tout ça, je n'arrive jamais à faire un bon travail.

4 Mais maintenant …

Avant j'habitais, avec mes parents, dans un petit appartement dans un village. Mais l'an dernier ma mère a eu un bébé, un garçon. Mes parents ont décidé d'acheter une maison près de mes grands-parents dans le nord-ouest de la Belgique dans une ville. Au début j'étais triste de quitter mes amis et mon école, mais maintenant ça va. La maison est près du collège et je peux y aller à pied avec mes copains … Sophie habite à côté et Raoul habite en face. Avant je prenais le bus parce que l'école était loin. Aussi, il y a beaucoup de choses à faire ici; cinémas, centre sportif, magasins et tout. Avant il y en avait très peu. Et ce qui est extra, c'est qu'on a un grand jardin … et notre chien, Nathan, en est tout content!

Ecouter B

1 Quel thème?

1 Moi, je ne sais pas pourquoi on se marie si quinze ans après c'est fini. Je trouve que la vie est difficile mais qu'il faut faire l'effort pour rester ensemble.

2 Il doit être fidèle, être de ton côté. La vie scolaire est très pénible des fois et on a besoin de quelqu'un dans la même classe pour être toujours là.

3 Le voyage s'est bien passé. On vient d'arriver. Il fait un temps super. Le gîte est juste en dehors du village. Il y a tout ce qu'il faut, même la télé en couleur! On va à l'Office du Tourisme cet après-midi.

4 Si tout le monde ne faisait qu'un petit peu de recyclage, cela aiderait énormément. Chaque famille pourrait en faire un petit peu. Recycler, ce n'est pas difficile.

5 Je suis souvent malade et je passe beaucoup de temps à la maison. Pour moi, la lecture c'est la vie. Je voyage dans tout un autre monde quand je lis.

6 Zut! La pluie! C'est typique! Aujourd'hui il ne s'arrête pas de pleuvoir. Et pendant toute la semaine quand on était à l'école, il faisait un temps superbe! Ce n'est pas juste. J'en ai marre!

2 Tu viens?

– Allo.
– Bonjour Madame Dauphin. Je peux parler à Nicole? C'est Elsa.
– Bonsoir Elsa … attends, je l'appelle.
  Nicole! Nicole! … téléphone pour toi! Vite!
– Bonjour.
– Ah Salut. Ça va?
– Oui!
– Excuse-moi! Mais je voulais t'inviter …, eh bien, tu sais que c'est mon anniversaire lundi prochain, le quinze.
– Oui, oui, je le sais. Tu m'en as déjà un peu parlé, n'est-ce pas?
– Oui, enfin. Je vais avoir seize ans … c'est spécial! Et, alors, Maman a dit que je peux inviter quelqu'un aller en ville faire les magasins et après aller voir un film et après ça se payer une pizza! Tu viens?
– Oui, certainement. Et qu'est-ce qu'on va voir comme film?
– Ça dépend. Il y a le film sur cette fille qui était championne de patin à glace.
– Cela ne me dit pas grand-chose. J'aimerais mieux le Disney s'il passe toujours.
– D'accord. Ça sera amusant! J'aime bien les dessins animés. Et pour la pizza?
– Essayons le nouveau restaurant juste en face de la gare. Il vient d'ouvrir … samedi dernier je crois. Mon frère a dit que c'était extra.
– Bon. Et je cherche dans le journal … oui, si on part juste après le déjeuner, disons deux heures et demie, on aura plein de temps dans les magasins avant le film de sept heures vingt.
– Parfait. Je dois y aller maintenant. Maman m'appelle!
– A demain alors.
– Oui, bonsoir, et merci, eh?

3 Typiquement

Salut! Je m'appelle Mohammed. Je suis étudiant à l'Université de Grenoble. J'habite toujours chez mes parents. Et bien … typiquement je me réveille tôt, vers six heures et demie et je prends une douche. Puis je prends le petit déjeuner en lisant un peu le journal. Vers huit heures et demie je prends le bus pour aller à l'université. Quand je n'ai pas cours, je travaille dans la bibliothèque où c'est calme et il y a tous les livres qu'il me faut. A midi je mange toujours dans le restau. Ce n'est pas cher et je bavarde un peu avec mes amis. Normalement j'ai cours entre quatorze heures et dix-huit heures. Je rentre d'habitude vers dix-huit heures et demie, dix-neuf heures quelquefois. Mon copain m'amène généralement en voiture. En arrivant, je me repose un peu en écoutant de la musique dans ma chambre. Un peu plus tard, vers vingt heures j'aide à préparer le repas et je dîne avec tout le monde. Je fais toujours la vaisselle avec mon père après. Mais, le soir, j'ai toujours beaucoup à faire pour mes études et je reste dans ma chambre presque toute la soirée. Je prends un chocolat chaud et des biscuits vers dix heures et je me couche après les actualités vers onze heures, onze heures et demie.

4 Ici je me sens bien

J'habite ici, à Moustiers-Les-Bains, depuis toujours. Tout le monde se connaît. Quand je vais au marché ou aux magasins je trouve toujours quelqu'un avec qui je peux bavarder, avoir toutes les nouvelles! Si jamais je ne peux pas sortir, il y a toujours quelqu'un qui passe me voir. Je suis entourée de ma famille. Personne de notre famille n'a jamais quitté notre village. C'est tranquille et il y a un marché, un bureau de poste, des cafés, des magasins, une école et une église. Mon neveu dit qu'il voudrait une piscine ou une patinoire. Mais, on a un bon terrain de foot! On a de la chance aussi parce qu'il y a la rivière et les collines d'un côté et la mer de l'autre. Mais si on veut aller en ville, il y a un bus direct toutes les heures. Et le dernier revient assez tard, vers minuit et demi je crois. Il n'y a pas beaucoup de voitures, ni de pollution … et le crime est rare. Voilà, c'est pour ça que je me sens si bien ici.

SOLUTIONS

CHAPITRES 1–3

Ecouter A
FOUNDATION: GCSE GRADES F – C
OVERALL TOTAL = 25 points

1 Bonne nuit

1 E 22.30 **2** A 7.00 **3** C 12.00 **4** D 19.30 **5** B 7.30

TOTAL: 4 points

2 Les familles, c'est ça

1 faux **2** vrai **3** vrai **4** vrai **5** faux **6** vrai
7 vrai **8** vrai **9** faux

TOTAL: 8 points

3 Aujourd'hui et avant

1A **2**A **3**A **4**B **5**A **6**A **7**B **8**B **9**A **10**B **11**A **12**A **13**A **14**A

TOTAL: 13 points

Ecouter B
HIGHER: GCSE GRADES C – A*
OVERALL TOTAL = 25 points

1 De préférence

1 en bus **2** une paire de baskets, du papier à écrire, un cadeau (pour sa mère) **3** au fast **4** Elle a horreur de ça/ C'est dégoûtant **5** italien

TOTAL: 7 points

2 Un bon copain

1 faux **2** vrai **3** vrai **4** faux
5 vrai **6** vrai **7** vrai **8** faux

TOTAL: 8 points

3 Ma routine

1A **2**D **3**C **4**B **5**A **6**B **7**C **8**B **9**C **10**B

TOTAL: 10 points

Parler

NOTE: At FOUNDATION LEVEL, approximately ¾ of the total marks available should be awarded for communication; ¼ for greater accuracy, fluency and use of appropriate vocabulary and structures.

1 Moi personnellement

1 (Je m'appelle) + name
2 (J'ai) quatorze/quinze ans
3 (J'habite) à + name of place or
  dans un appartement/une maison
4 Il/elle est + adjectives; il y a …
5 Il/elle est + adjectives; il y a …
6 A + time
7 Je me lève, je m'habille, je prends le petit déjeuner, etc.
8 A/vers + time
9 A pied/vélo, en voiture/bus, etc.
10 A + time
11 Chez moi/ à la cantine
12 A/vers + time
13 Je fais mes devoirs, je vais au centre sportif, je regarde la télé, etc.
14 Une heure, deux heures, etc.
15 (Vers) + time

TOTAL: 25 points

NOTE: At HIGHER LEVEL, approximately ½ of the total marks available should be awarded for communication; ½ for accuracy, fluency, use of a range of vocabulary and structures and use of correct tenses where appropriate.

2 La forme et la bonne santé

Possible solution:
Je vais à la piscine tous les week-ends. Je pense que le sport est très important pour la santé. Je ne bois jamais d'alcool. Je mange beaucoup de fruits et de légumes. Je me couche assez tôt vers dix heures. Je ne fume pas.

TOTAL: 15 points

3 Une question de préférences

Possible solution:
Moi, je préfère la ville parce que là il y a beauoup de choses à faire; les cinémas, les restaurants et les musées. Il y a aussi beaucoup pour le sport; les piscines, les stades, les patinoires. Il y a de la pollution, beaucoup de gens et beaucoup de bruit aussi. Mais moi, je n'aimerais pas vivre dans un village où il n'y a rien pour les jeunes.

TOTAL: 10 points

Lire A
FOUNDATION: GCSE GRADES G – C
OVERALL TOTAL = 25 points

1 C'est quel emploi?

1B **2**A **3**A **4**B **5**B **6**B **7**B

TOTAL: 6 points

2 Où ça?

1 dans **2** sur **3** au **4** devant **5** en face **6** derrière **7** à côté

TOTAL: 7 points

3 Petites annonces

	📖	🏰	CINE	♪	👟	⛵	📺	🏊	💻
Annette			X		✓		X		
Benjamin	X	✓				✓			
Françoise	✓			✓				✓	✓
Cédric					✓	X		✓	✓

TOTAL: 12 points

SOLUTIONS

Lire B
HIGHER: GCSE GRADES C – A*
OVERALL TOTAL = 25 points

1 Tous les jours je …
1 Fabien **2** Claire **3** Fabien **4** Claire **5** Fabien **6** Claire

TOTAL: 6 points

2 C'est moi!
1 vrai **2** vrai **3** faux **4** faux **5** vrai **6** faux **7** faux **8** faux

TOTAL: 8 points

3 Horoscope
1 Bélier **2** Cancer **3** Scorpion **4** Verseau **5** Gémeaux **6** Lion
7 Sagittaire **8** Taureau **9** Vierge **10** Capricorne **11** Poissons
12 Balance

TOTAL: 11 points

Ecrire A
FOUNDATION: GCSE GRADES G – C
OVERALL TOTAL = 25 points

> NOTE: At FOUNDATION LEVEL, approximately ¾ of the total marks available should be awarded for communication; ¼ for greater accuracy, fluency and use of appropriate vocabulary and structures.

1 Sa routine
1 se réveille **2** se lève **3** s'habille **4** prend **5** quitte **6** arrive
7 mange **8** fait **9** regarde **10** se couche

TOTAL: 9 points

2 Quels sont tes qualités et tes défauts?
Possible solution:
Je suis paresseux/paresseuse, intelligent(e), gentil(le) et timide.

TOTAL: 4 points

3 Salut!
Possible solution:
Salut!

Aujourd'hui je vais te parler de moi et de ma ville/mon village. J'habite un village à la campagne. Il y a une église, une école primaire et un collège. Il n'y a pas de centre sportif mais il y a une piscine. Tout le monde est gentil et j'aime habiter ici.
Moi, j'aime faire du cheval. Je n'aime pas le foot mais j'adore la natation. J'aime aller au cinéma. J'adore les films d'horreur! J'aime aussi la télé et les jeux vidéos.
Grosses bises …

TOTAL: 12 points

Ecrire B
HIGHER: GCSE GRADES C – A*
OVERALL TOTAL = 25 points

> NOTE: At HIGHER LEVEL, approximately ½ of the total marks available should be awarded for communication; ½ for accuracy, fluency, use of a range of vocabulary and structures and use of correct tenses where appropriate.

1 Questions à poser
1 Quand **2** Qu'est-ce que **3** Comment **4** Où

TOTAL: 3 points

2 Bonnes résolutions
Possible solution:
1 Défaut: Je ne fais pas assez d'exercice.
   Bonne résolution: Cette année je ferai plus d'exercice.

2 Défaut: Je me couche trop tard.
   Bonne résolution: Cette année je me coucherai (plus) tôt.

3 Défaut: Je ne travaille pas assez dur à l'école.
   Bonne résolution: Cette année je travaillerai plus dur à l'école.

4 Défaut: Je ne fais pas mon lit tous les jours.
   Bonne résolution: Cette année je ferai mon lit tous les jours.

TOTAL: 8 points

3 Après le déménagement
Possible solution:
Maintenant j'habite à Birmingham dans le centre de l'Angleterre. Avant j'habitais dans le sud de la France dans un petit village dans les montagnes près de la mer. J'habite à Birmingham depuis trois mois et c'est vraiment très différent. En France il faisait souvent beau. En été il faisait même très chaud. Ici à Birmingham il fait souvent froid et il pleut beaucoup. Mais j'adore la ville, car il y a vraiment beaucoup de choses à faire pour les jeunes. En France là où j'habitais, c'était trop tranquille. On était isolé et c'était difficile d'aller voir ses amis en ville. Par contre en France la plage n'était pas trop loin et on pouvait pratiquer plein de sports nautiques.

TOTAL: 14 points

CHAPITRES 4–6

Ecouter A
FOUNDATION: GCSE GRADES G – C
OVERALL TOTAL = 25 points

1 A l'école

Exemple	+÷−×	🗼	🗡	📖	🇬🇧	💻	🎵	🐸	🌍	🎾
Exemple									✓	
1			✓							
2		✓								
3				✓				✓		
4					✓					
5					✓	✓				
6	✓									
7					✓					✓

TOTAL: 10 points

2 Les numéros de téléphone
1A 2C 3B 4A 5B 6C

TOTAL: 6 points

3 C'est où?
Exemple au supermarché
1 au cinéma
2 au parc
3 à la poste
4 à la piscine
5 à la boulangerie
6 au musée
7 à l'office de tourisme
8 à la gare
9 au café

TOTAL: 9 points

Ecouter B
HIGHER: GCSE GRADES C – A*
OVERALL TOTAL = 25 points

1 De quoi parlent-ils?
1B 2A 3B 4A 5B 6C

TOTAL: 6 points

2 Où est Fabien?
1 au centre sportif
2 la mère de Fabien
3 il fait du tennis/il joue au tennis/il s'entraîne au tennis
4 que Vincent a téléphoné
5 avant neuf heures et demie

TOTAL: 5 points

3 Pour la première fois
1 ✗ 2 ✗ 3 ✗ 4 ✗ 5 ✗ 6 ✓ 7 ✗ 8 ✓ 9 ✓
10 ✓ 11 ✗ 12 ✓ 13 ✓ 14 ✓

TOTAL: 14 points

Parler

> NOTE: At FOUNDATION LEVEL, approximately ¾ of the total marks available should be awarded for communication; ¼ for greater accuracy, fluency and use of appropriate vocabulary and structures.

1 Mon collège
Possible solution:
1 (Il se trouve) en ville/près de chez moi/en face du parc.
2 (Il est) moderne/vieux/grand/assez petit.
3 (Ils commencent) à/vers huit heures quarante-cinq/neuf heures.
4 Il y en a trente./Il y a trente professeurs./Trente.
5 Il y en a huit cents./Il y a huit cents élèves./Huit cents.
6 (Je mange) à la cantine/dans la salle de classe/chez moi.
7 (Je mets) mon uniforme scolaire/une jupe et un pullover/un pantalon et une chemise.
8 (Il y a) des chaises, des tables, un ordinateur, des étagères …

TOTAL: 16 points

2 Pour aller à la gare
Possible solution:
1 Pour aller à la gare:
  Allez tout droit. Prenez la deuxième à gauche et c'est à votre droite.
2 Pour aller à la patinoire:
  Allez tout droit. Prenez la première à droite. C'est au bout de la rue à votre gauche.
3 Pour aller au cinéma:
  Allez tout droit. Prenez la deuxième à droite. C'est à droite.
  [Three points maximum for each route described.]

TOTAL: 9 points

> NOTE: At HIGHER LEVEL, approximately ½ of the total marks available should be awarded for communication; ½ for accuracy, fluency, use of a range of vocabulary and structures and use of correct tenses where appropriate.

3 La vie scolaire idéale
Possible solution:
1 J'aurais sport tous les jours. Il n'y aurait pas de techno. Il y aurait cours seulement le matin.
2 (Les salles de classe seraient) très grandes et très claires. Il y aurait un ordinateur pour chaque élève.
3 Il serait gentil et aimable. Il nous ferait travailler sans être trop sévère. Il serait assez jeune.
4 On n'aurait pas d'uniforme. Le déjeuner à la cantine serait moins cher. On aurait trois mois de vacances en été.

TOTAL: 15 points

SOLUTIONS

4 Communiquer

Possible solution:

J'écris souvent à ma grand-mère. Elle habite loin de chez nous et elle est seule à la maison. Je lui écris pour dire merci pour un cadeau. Je lui écris pour son anniversaire et à Noël. Aussi j'envois une carte postale quand je suis en vacances. Quelques fois j'écris pour donner de bonnes nouvelles … si j'ai de bonnes notes à l'école ou si mon équipe gagne un match de foot.

TOTAL: 10 points

Lire A
FOUNDATION: GCSE GRADES G – C
OVERALL TOTAL = 25 points

1 Mon emploi du temps

1 vrai **2** faux **3** faux **4** vrai **5** faux **6** vrai

TOTAL: 5 points

2 Le Minitel

1 I **2** B **3** D **4** C **5** E **6** H **7** F **8** G

TOTAL: 8 points

3 Une visite scolaire

1 vrai **2** faux **3** vrai **4** vrai **5** faux **6** vrai **7** vrai
8 faux **9** vrai **10** faux **11** vrai **12** vrai

TOTAL: 12 points

Lire B
HIGHER: GCSE GRADES C – A*
OVERALL TOTAL = 25 points

1 Merci!

Mariette has written to say thank you for the week she spent here. She especially liked going to school. She says there are a lot of differences between school here and in France. There they often have to give a talk in front of the class and she hates that. They don't have school uniform but she thinks it's a good idea. In France they don't have much sport at school and she liked the matches after school. She would like to be able to bring a packed lunch. She says our school days are shorter and she would prefer a weekend rather than having Wednesday and Sunday off. She prefers their summer holidays though. They get 12 weeks!

TOTAL: 10 points

2 Problèmes

1 C **2** A **3** B **4** A

TOTAL: 4 points

3 Guillaume et Harold

I B J G K D A H F C E

TOTAL: 11 points

Ecrire A
FOUNDATION: GCSE GRADES G – C
OVERALL TOTAL = 25 points

> NOTE: At FOUNDATION LEVEL, approximately ¾ of the total marks available should be awarded for communication; ¼ for greater accuracy, fluency and use of appropriate vocabulary and structures.

1 Les matières

Possible solution:
J'adore les maths. Le prof est extra. Je déteste la techno. La salle de classe est moche.

TOTAL: 5 points

2 Pauvre Mathieu!

Possible solution:
Chère Madame,
Mathieu n'était pas à l'école parce qu'il s'est cassé le bras droit. Il est tombé de sa bicyclette. Il avait aussi mal à l'estomac.

TOTAL: 6 points

3 Salut tout le monde!

Possible solution:
Salut tout le monde!
Me voici en vacances à Cannes. Il fait très chaud. On est au bord de la mer où on nage tous les jours ….

TOTAL: 14 points

Ecrire B
HIGHER: GCSE GRADES C – A*
OVERALL TOTAL = 25 points

> NOTE: At HIGHER LEVEL, approximately ½ of the total marks available should be awarded for communication; ½ for accuracy, fluency, use of a range of vocabulary and structures and use of correct tenses where appropriate.

1 Je voudrais être …

Possible solution:
Moi, je voudrais être employé de banque. J'aime beaucoup faire les calculs. J'aime travailler en équipe et parler aux gens. Les horaires sont bons aussi.

TOTAL: 5 points

2 Le week-end dernier

Possible solution:
Salut!
Ça va bien? Moi, oui! C'est lundi soir et je viens de faire mes devoirs. Je vais te parler de mon week-end. Vendredi soir je suis allé(e) au cinéma avec mes copains. Après on est allé manger une pizza ensemble. Samedi matin j'ai eu mon cours de musique et après ça je suis allé(e) en ville avec ma mère.

Elle m'a acheté des baskets super! L'après-midi je suis allé(e) au match de foot avec mon frère et mon père. Notre équipe préférée a gagné. Dimanche, j'ai lavé la voiture pour avoir un peu plus d'argent de poche.
Voilà pourquoi je suis fatigué … mais heureux/heureuse!
A bientôt!

TOTAL: 10 points

3 Un peu de grammaire

1 Pendant les vacances Josette <u>a fait du ski</u>. Malheureusement elle <u>s'est cassé le bras</u>. Elle sera à l'école mais elle ne sera pas capable d'écrire.

2 Hier soir Maurice <u>est allé à une boum</u>. Malheureusement il <u>s'est couché tard</u> et ses devoirs ne sont pas finis.

3 Dimanche Collette <u>s'est baignée</u>. Malheureusement elle <u>est enrhumée</u> et elle ne pourra pas jouer dans le match demain.

4 Paul <u>est allé au Canada</u> pendant les vacances de Pâques. Malheureusement l'avion <u>était en retard</u>. C'est pour ça que Paul n'était pas à l'école hier.

5 Mercredi après-midi comme d'habitude Sophine <u>a fait du cheval/est montée à cheval</u>. Malheureusement elle <u>est tombée</u>. Ça va maintenant.

TOTAL: 10 points

CHAPITRES 7–9

Ecouter A
FOUNDATION: GCSE GRADES F – C
OVERALL TOTAL = 25 points

1 Chez le pharmacien

	mal à la gorge	mal à la tête	mal au	crème	pastilles	aspirine	1 fois	2 fois	3 fois
1		✓				✓			✓
2			✓	✓				✓	
3	✓				✓	✓			

TOTAL: 6 points

2 C'est quel sport?

1 A 2 H 3 D 4 G 5 F 6 E 7 B 8 C

TOTAL: 7 points

3 La Terre

	:)	:(	🚗	☀	☢	🧴	🌲	🧭
Annette	✓				✓			
Enora		✓					✓	
Seydi	✓							✓
Bruno	✓				✓			
Denis		✓	✓					
Carole		✓	✓					

TOTAL: 12 points

Ecouter B
HIGHER: GCSE GRADES C – A*
OVERALL TOTAL = 25 points

1 Là où on habite

	église	boulangerie	zoo	collège	voiture	ville	maison	usine
1				✓	✓			
2			✓					
3		✓						
4					✓			
5								✓

TOTAL: 5 points

2 Pour et contre

		pour	contre	raisons donnés (2)
1	le rugby		✓	C L
2	l'escalade	✓		G J
3	la boxe		✓	B D
4	l'escrime	✓		I N
5	la corrida		✓	A E

TOTAL: 15 points

3 Après l'an 2 000

B C F G I J

TOTAL: 5 points

Parler

NOTE: At FOUNDATION LEVEL, approximately ¾ of the total marks available should be awarded for communication; ¼ for greater accuracy, fluency and use of appropriate vocabulary and structures.

1 Si on sortait?

Possible solution:
A – Si on sortait?
B – Oui. On va au cinéma?
A – Bonne idée. On se revoit à quelle heure alors?
B – A quatre heures et demie.
A – Où?
B – Devant le cinéma.
A – D'accord.

TOTAL: 5 points

2 Le recyclage

Possible solution:
1 (Je recycle) le papier, les bouteilles et les journaux.
2 (Je pense/trouve que …) c'est très important/c'est facile.
3 (Il est) près de chez nous/loin de la maison/en face de la piscine.
4 Parce qu'ils n'aiment pas ça/c'est trop difficile/c'est sale/ ils n'ont pas de voiture et ne peuvent pas aller au centre.

TOTAL: 10 points

3 L'adolescence

Possible solution:

L'adolescence, c'est l'horreur – on a les cheveux gras et des boutons sur la figure. On n'est pas adulte mais on n'est plus enfant. On se dispute souvent avec ses parents. On commence à avoir ses propres opinions mais on n'est pas confiant. On commence à penser aux problèmes de la Terre. Il faut prendre des décisions assez importantes à l'école et c'est inquiétant. On ne sait pas quel métier choisir.

TOTAL: 10 points

> NOTE: At HIGHER LEVEL, approximately ½ of the total marks available should be awarded for communication; ½ for accuracy, fluency, use of a range of vocabulary and structures and use of correct tenses where appropriate.

4 Le 20e siècle

Possible solution:

Je pense que le vingtième siècle est fantastique. On a des problèmes bien sûr, comme la circulation, la pollution, la drogue, le SIDA, et les guerres. Mais on a fait aussi beaucoup de progrès. On a les ordinateurs qui aident dans les hôpitaux, dans les bureaux et dans les usines. On a des trains très rapides et les avions qui vont plus vite que le son! On a fait du progrès aussi en médecine. On recycle beaucoup maintenant et tout le monde commence à penser à protéger la Terre et les animaux menacés. A l'avenir il y aura peut-être moins de dangers pour les espèces rares.

TOTAL: 15 points

5 A ton avis

Possible solution:

Dans les villes nouvelles on a les moyens de transport bien organisés; on a souvent des pistes cyclistes, par exemple. Il y a toujours beaucoup de jeunes. On trouve facilement quelqu'un avec qui on peut jouer et sortir. Il y a souvent un centre sportif et un centre commercial. Tout cela est très pratique. Mais l'architecture est très moderne, et je n'aime pas ça. Il y a de grands immeubles et si l'ascenseur ne marche pas il y a beaucoup d'étages à faire à pied.

TOTAL: 10 points

Lire A

FOUNDATION: GCSE GRADES G – C
OVERALL TOTAL = 25 points

1 Qu'est-ce que c'est?

1 A 2 H 3 F 4 C 5 G 6 D 7 B 8 E

Total: 7 points

2 A la pharmacie

A E G I B J D H F C

TOTAL: 9 points

3 A bas la corrida!

1 faux 2 vrai 3 faux 4 vrai 5 faux 6 vrai 7 vrai 8 faux 9 faux

TOTAL: 9 points

Lire B

HIGHER: GCSE GRADES C - A*
OVERALL TOTAL = 25 points

1 Ma foi

1 Thomas 2 Benjamin 3 Sakina 4 Dimitri

TOTAL: 4 points

2 Le monde a changé

Cher Anja,

Pendant les *vacances*, on est allé chez mon grand-père passer deux semaines à sa *ferme*. Il est très *vieux*, tu sais. Il a quatre-vingt-dix ans! On a beaucoup *discuté*, lui et moi. C'était super! Il m'a raconté des *histoires* sur sa jeunesse. Il a parlé un peu de l'école, de sa famille, de ses copains et du mode de vie en général quand il avait mon âge. Il m'a dit qu'au début du vingtième *siècle*, quand il était tout petit, presque tout le monde vivait à la *campagne*. Ce n'était pas du tout comme aujourd'hui avec tous ces gens dans les grandes *villes*. Je lui ai dit que notre *prof* de géo en a parlé récemment au collège en expliquant que quatre *personnes* sur dix vivent en ville actuellement et que ce chiffre grimpera à cinq sur dix en l'an deux mille. Pépé était vraiment choqué! Moi aussi, je trouve ça *étonnant*. Je me demande comment sera notre *vie* quand nous aurons son âge!

A bientôt

Elsa

TOTAL: 12 points

3 Championne en kayak

1 faux 2 faux 3 vrai 4 vrai 5 faux
6 vrai 7 vrai 8 faux 9 vrai

TOTAL: 9 points

Ecrire A

FOUNDATION: GCSE GRADES G – C
OVERALL TOTAL = 25 points

> NOTE: At FOUNDATION LEVEL, approximately ¾ of the total marks available should be awarded for communication; ¼ for greater accuracy, fluency and use of appropriate vocabulary and structures.

1 Patrick recycle les journaux

1 Patrick recycle les journaux et les vêtements.
2 Martine recycle les cannettes et le carton.
3 Yann recycle les bouteilles.
4 Eliane recycle le plastique.
5 Marc recycle les piles.

Also: A comment about their own recycling.

TOTAL: 9 points

2 Chère Tante Louise

Chère <u>Tante</u> Louise,

Nous voilà enfin dans notre nouvel <u>appartement</u>. Il est vraiment super! On a quatre <u>chambres</u> maintenant! J'ai ma propre chambre pour la première fois. La <u>cuisine</u> est énorme. Il y a de la place pour la table et on y prend <u>le petit déjeuner</u>. C'est vraiment bien d'habiter une <u>ville</u> nouvelle. Il y a beaucoup de choses à faire pour les <u>jeunes</u>. Il y a un stade, une piscine, une <u>patinoire</u> et un grand centre commercial. Je peux sortir avec mes nouvelles copines. On va partout à <u>pied</u>. Tout est près de chez nous. C'est pratique aussi pour aller au collège. Je prends le bus à l'arrêt juste devant notre <u>immeuble</u>. Quand est-ce que tu viens nous rendre visite? Il y a de la place pour toi!

Grosses bises
Emmeline

TOTAL: 10 points

3 Oh, les pauvres!

1 David/Il a mal au dos.
2 Michèle/Elle a mal à l'estomac/au ventre.
3 Mathieu/Il a mal à l'oreille.
4 Julie/Elle a mal aux pieds.
5 Yannick/Il a mal à la tête.
6 Sarah/Elle a mal au bras.

TOTAL: 6 points

Ecrire B
HIGHER: GCSE GRADES C – A*
OVERALL TOTAL = 25 points

NOTE: At HIGHER LEVEL, approximately ½ of the total marks available should be awarded for communication; ½ for accuracy, fluency, use of a range of vocabulary and structures and use of correct tenses where appropriate.

1 Stage de sport

Possible solution:
Nom   SMITH   Prénom   Andrew
Age   16   Date de naissance   le 3 juin 19..

Quels sports est-ce que tu pratiques?
le tennis, la natation, le foot
Quel est ton sport préféré?
le tennis
Pourquoi?
J'adore les sports avec une raquette.
Depuis combien de temps est-ce que tu fais ce sport?
trois ans
Est-ce que tu fais parti d'un club/groupe de sport?
oui, au centre sportif
Combien de fois pratiques-tu ce sport par semaine?
trois
Quel est ton niveau de compétence?
moyen

Quel nouveau sport aimerais-tu essayer pendant le stage?
le squash
Pourquoi?
Parce que je n'ai jamais essayé le squash.
Problèmes médicaux
Aucun./ Je n'ai pas de problèmes médicaux.

TOTAL: 10 points

2 Mon week-end

Possible solution:
Salut! Ça va?
Le week-end dernier je suis allé avec mon oncle à Paris! Il faisait froid et il y avait du vent mais il n'a pas plu, heureusement. On est allé voir tous les monuments comme la Tour Eiffel et l'Arc de Triomphe. Quelles vues splendides! On est allé aussi sur les Champs Elysées. On est allé au café. Il y avait des tables dehors. J'ai commandé une limonade et un croque-monsieur. Nous y sommes restés très longtemps! C'était fantastique de regarder les gens et la circulation! On a pris le bateau mouche sur la Seine. J'ai beaucoup aimé ça. Et comme souvenir, j'ai acheté un sac … il y avait beaucoup de petits marchés dans la rue devant les monuments et près du métro. Dans les magasins, tout était trop cher pour moi!
Est-ce que tu as déjà visité Paris, toi?
Ecris-moi vite!

TOTAL: 15 points

CHAPITRES 10–12

Ecouter A
FOUNDATION: GCSE GRADES G-C
OVERALL TOTAL = 25 points

1 Au marché

	tomates	laitue	pommes de terre	prunes	pêches	pommes
Exemple	✓					
1	✓				✓	
2				✓		
3		✓				✓
4		✓		✓	✓	
5		✓				✓

TOTAL: 9 points

2 Qu'en penses-tu?

	♥♥	♥	✗
Exemple	✓		
1			✓
2		✓	
3	✓		
4			✓
5		✓	
6			✓

TOTAL: 6 points

3 Quel temps fait-il?

	❄	🌧	☀	⛈	☁	passé	présent	futur
Exemple			✓				✓	
1	✓						✓	
2			✓			✓		
3				✓				✓
4	✓						✓	
5			✓		✓			

TOTAL: 10 points

Ecouter B
HIGHER: GCSE GRADES C – A*
OVERALL TOTAL = 25 points

1 On fait des achats

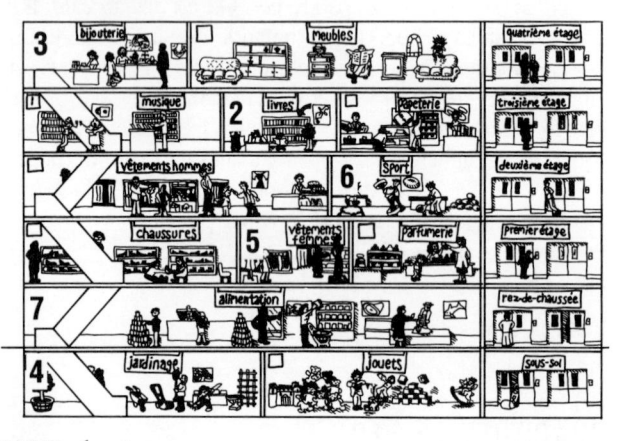

TOTAL: 6 points

2 Fana de télé

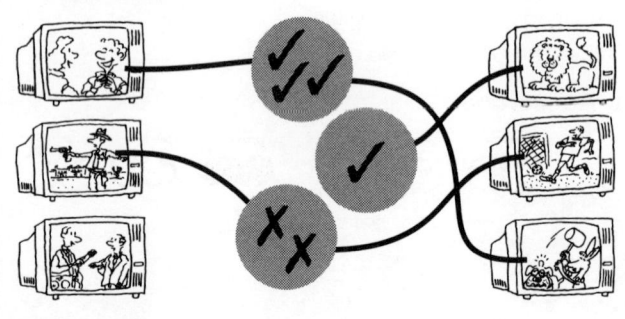

TOTAL: 5 points

3 En vacances
1 B, juillet 2 B, juillet 3 C, août 4 A, avril
5 C, juillet 6 B, novembre 7 A, février

TOTAL: 14 points

Parler
FOUNDATION: GCSE GRADES G – C

> NOTE: At FOUNDATION LEVEL, approximately ¾ of the total marks available should be awarded for communication; ¼ for greater accuracy, fluency and use of appropriate vocabulary and structures.

1 J'aime ça
Possible solution:
1 Je passe deux heures devant la télé tous les jours.
2 Je regarde la télé après l'école et le soir.
3 Je trouve que la télé est super. Il y a toutes sortes d'émissions.
4 Je préfère les émissions de sport parce que je fais beaucoup de sport.
5 Mais, je déteste les films d'amour! C'est bête ça.
6 Je préférerais voir plus de foot et de hockey à la télé. J'aimerais voir moins de films.
7 Hier soir j'ai regardé un match de foot.

TOTAL: 10 points

2 Au boulot
Possible solution:
J'aimerais être hôtesse de l'air parce que j'adore voyager. Je ne voudrais pas travailler dans un bureau parce que c'est ennuyeux.

TOTAL: 9 points

3 En France
Possible solution:
Aujourd'hui à Paris il pleut. A Grenoble, il neige. Et à Lyon il fait beau/du soleil.
Demain il y aura des nuages à Paris, il y aura des orages à Lyon et il fera beau/du soleil à Grenoble.

TOTAL: 6 points

> NOTE: At HIGHER LEVEL, approximately ½ of the total marks available should be awarded for communication; ½ for accuracy, fluency, use of a range of vocabulary and structures and use of correct tenses where appropriate.

4 A ton avis
Possible solution:
Je n'aime pas du tout ce pantalon. Il est trop large.
J'aime beaucoup cette jupe parce que j'adore les jupes longues.

TOTAL: 6 points

5 Ce soir à la télé
Possible solution:
Je vais regarder 'Les voisins' à dix-huit heures parce que je regarde ça tous les jours. A dix-neuf heures quinze je vais regarder 'Questions pour un champion' parce que j'aime beaucoup les jeux à la télé. Et à vingt heures trente je vais regarder 'La vengeance des monstres'. J'adore les films qui font peur!

TOTAL: 9 points

6 Projets de vacances

Possible solution:
Cet été j'irai en France en voiture. Je ferai du camping. Il fera beau et il fera chaud. J'irai au bord de la mer. Je nagerai et je jouerai sur la plage. Je ferai de la planche à voile. Ça sera comme toujours.

TOTAL: 10 points

Lire A
FOUNDATION: GCSE GRADES G – C
OVERALL TOTAL = 25 points

1 Métier préféré

1 Benoît G (exemple) **2** Rémi L **3** Marie Christine J
4 Aurélie B **5** Richard E **6** Elodie D **7** Mohammed H

TOTAL: 6 points

2 Au cinéma

Exemple Carlos		✓				
Hélène			✓			
Emanuelle				✓		
Yohann	✓					
Thomas					✓	✓
Caroline	✓		✓			

TOTAL: 7 points

3 Un peu de tourisme

1 B **2** A **3** D **4** E **5** B **6** D **7** B **8** C **9** C **10** A **11** B **12** C **13** E

TOTAL: 12 points

Lire B
HIGHER: GCSE GRADES C – A*
OVERALL TOTAL = 25 points

1 L'argent de poche

1 faux **2** faux **3** vrai **4** faux **5** vrai **6** faux

TOTAL: 6 points

2 Question de lecture

1 Jean-Marc **2** Georges **3** Gilbert **4** Virginie **5** Mélanie
6 Virginie **7** le frère de Mélanie **8** Gilbert

TOTAL: 8 points

3 Des vacances originales

1 faux **2** faux **3** vrai **4** faux **5** faux **6** faux
7 faux **8** vrai **9** faux **10** vrai **11** faux

Total: 11 points

Ecrire A
FOUNDATION: GCSE GRADES G – C
OVERALL TOTAL = 25 points

> NOTE: At FOUNDATION LEVEL, approximately ¾ of the total marks available should be awarded for communication; ¼ for greater accuracy, fluency and use of appropriate vocabulary and structures.

1 Sophie va au marché

tomates   pommes de terre   pommes   haricots (verts)
laitue   pêches   cerises   prunes   carottes

TOTAL: 9 points

2 La pub

Possible solution:
Buvez Fizz. C'est extra! C'est la boisson la plus cool!

TOTAL: 6 points

3 Venez vous amuser!

Possible solution:
J'habite une grande ville. Au centre, il y a une piscine, un stade et une patinoire. C'est au bord de la mer et il y a beaucoup de plages. Il y a une jolie église aussi. Il y a un parc où on peut faire du vélo.

TOTAL: 10 points

Ecrire B
HIGHER: GCSE GRADES C – A*
OVERALL TOTAL = 25 points

> NOTE: At HIGHER LEVEL, approximately ½ of the total marks available should be awarded for communication; ½ for accuracy, fluency, use of a range of vocabulary and structures and use of correct tenses where appropriate.

1 La pub, c'est …

Possible solution:
Avec la pub nous savons quels produits existent et nous pouvons choisir. Mais je n'aime pas écouter ou lire toujours la même pub. A mon avis la pub est utile mais il faut penser avant d'acheter.

TOTAL: 6 points

SOLUTIONS

2 Pour gagner de l'argent

Possible solution:
Salut! Ça va?
C'est le dernier week-end des vacances! Je suis complètement fatigué(e)! Pourquoi? Parce que je voulais gagner de l'argent de poche et j'ai beaucoup aidé mes parents à la maison. J'ai lavé la voiture et j'ai coupé l'herbe. Aussi j'ai fait la vaisselle et j'ai promené le chien. J'ai travaillé deux heures le matin et une heure et demie l'après-midi. Je vais prendre un bain maintenant et me reposer devant la télé!
Grosses bises!

TOTAL: 9 points

3 Des vacances exotiques!

Possible solution:
Je viens de rentrer des vacances en Tunisie. Il a fait très beau et très chaud. On est resté dans un très grand hôtel pas trop cher. Il y avait deux piscines et la mer était à trois pas! Le restaurant était énorme! On a bien mangé. Il y avait toujours un grand choix; la viande, les légumes et souvent le couscous. On est allé au marché et j'ai acheté un sac. On a visité une mosquée. C'était une expérience inoubliable.

TOTAL: 10 points

TEST FIN DE LIVRE

Ecouter A
FOUNDATION: GCSE GRADES G – C
OVERALL TOTAL = 25 points

1 La bonne réponse
1 A 2 C 3 B 4 B 5 B 6 C 7 A 8 A 9 C 10 B 11 B 12 A

TOTAL: 12 points

2 Une famille sportive
Guillaume E   la mère C   le père D   Maryse A

TOTAL: 4 points

3 Jumeaux à l'école
TOTAL: 4 points

4 Mais maintenant
1 L'an *dernier* ma mère a eu un bébé, un garçon.
2 Au début j'étais *triste* de quitter mes amis et mon école.
3 La maison est près du collège et je peux y aller *à pied* avec mes copains.
4 Il y a *beaucoup* à faire ici.
5 Et ce qui est extra, c'est qu'on a un grand *jardin*.

TOTAL: 5 points

Ecouter B
HIGHER: GCSE GRADES C – A*
OVERALL TOTAL = 25 points

1 Quel thème?
1 la divorce 2 un ami/une amie 3 les vacances
4 l'environnement 5 la lecture 6 le temps

TOTAL: 5 points

2 Tu viens?
1 vrai 2 faux 3 vrai 4 faux 5 faux 6 vrai

TOTAL: 5 points

3 Typiquement
K B C J E F A G D I H

TOTAL: 10 points

4 Ici je me sens bien
A C D F G I

TOTAL: 5 points

Parler

NOTE: At FOUNDATION LEVEL, approximately ¾ of the total marks available should be awarded for communication; ¼ for greater accuracy, fluency and use of appropriate vocabulary and structures.

1 Moi!
Possible solution:
1 (Je me réveille normalement) à sept heures.
2 (Je prends) des céréales, du pain grillé avec de la confiture et un jus d'orange.
3 (J'y viens/Je viens à l'école) à pied/en voiture.
4 (J'aime) les maths et l'anglais.
5 Je joue/parle avec mes amis./Je fais mes devoirs.
6 Je joue au foot et je lis beaucoup.
7 (Je préfère) les films et les documentaires.
8 (Je me couche) à/vers dix heures.

TOTAL: 12 points

2 Pour aller au centre sportif?
Possible solution:
A Allez tout droit. Prenez la deuxième à droite et c'est sur votre gauche.
B Prenez la première à gauche. Continuez tout droit et puis prenez la première à droite. C'est en face.
C Prenez la troisième à gauche et puis la première à droite et c'est sur votre droite.

TOTAL: 6 points

SOLUTIONS

3 Oh là là!
A J'ai mal à la gorge. **B** J'ai mal au bras.
C J'ai mal à la tête. **D** J'ai de la fièvre.

TOTAL: 4 points

4 Recycles-tu?
Possible solution:
Julie: Moi, je recycle les bouteilles en plastique, les canettes et les journaux.
Ahmed: Moi, je recycle les sacs en plastique, les bouteilles en verre et le carton.

TOTAL: 3 points

> NOTE: At HIGHER LEVEL, approximately ½ of the total marks available should be awarded for communication; ½ for accuracy, fluency, use of a range of vocabulary and structures and use of correct tenses where appropriate.

5 On est copains
Mon meilleur copain s'appelle Luc. Il aime faire du karaté et il est très fort en jeux vidéos. Il n'aime pas du tout nager. Il n'aime pas beaucoup lire mais il aime les BD. Comme matière, il préfère techno. Il est timide et gentil. Il n'est pas agressif.

TOTAL: 8 points

6 Où habiter?
Possible solution:
Maintenant j'habite une grande ville. J'aimerais toujours habiter là parce qu'il y a beaucoup à faire. Il y a des cinémas et un choix de restaurants. Il y a la pollution et beaucoup de monde, mais à la campagne c'est trop calme.

TOTAL: 5 points

7 A ton avis
Possible solution:
Pendant le vingtième siècle on a inventé des téléphones sans fils, on a construit le tunnel sous la Manche et maintenant on recycle beaucoup. Malheureusement il y a beaucoup de circulation et on tue beaucoup d'animaux en Afrique. Aussi il y a le SIDA. J'espère qu'à l'avenir cela changera et qu'on fera plus de progrès en médecine.

TOTAL: 6 points

8 Trop de westerns
Possible solution:
A la télé j'aime regarder les documentaires et les actualités. Je n'aime pas du tout le sport et je déteste les feuilletons. A mon avis, il y a trop de films bêtes et pas assez de films en français ou espagnol, par exemple.

TOTAL: 6 points

Lire A
FOUNDATION: GCSE GRADES G – C
OVERALL TOTAL = 25 points

1 La chambre à coucher
1 vrai **2** faux **3** vrai **4** vrai **5** faux **6** faux

TOTAL: 6 points

2 Je cherche …
1 C **2** D **3** F **4** E **5** B

TOTAL: 5 points

3 Une visite scolaire
A oui **B** non **C** oui **D** non **E** oui **F** oui

TOTAL: 5 points

4 Menu à remplir
hors d'œuvre
  A D K
plat principal
  E G I
fromage
  C H L
dessert
  B F J

TOTAL: 4 points

5 Au cinéma
1 A **2** D **3** B **4** F **5** C **6** E

TOTAL: 5 points

Lire B
HIGHER: GCSE GRADES C – A*
OVERALL TOTAL = 25 points

1 La fête des neiges à Montréal
1 vrai **2** vrai **3** vrai **4** faux **5** faux

TOTAL: 5 points

2 En vacances
1 Agnès
2 Nadia, Agnès
3 Nadia
4 Nadia
5 Agnès, Virginie
6 Nadia, Virginie
7 Nadia, Agnès

TOTAL: 7 points

3 En stage
1 B **2** A **3** C **4** B **5** A **6** A **7** B **8** C **9** B **10** A
11 C **12** B **13** C

TOTAL: 13 points

Ecrire A
FOUNDATION: GCSE GRADES G – C
OVERALL TOTAL = 25 points

> NOTE: At FOUNDATION LEVEL, approximately ¾ of the total marks available should be awarded for communication; ¼ for greater accuracy, fluency and use of appropriate vocabulary and structures.

1 Faisons une pizza!
sel   oignon   tomates   fromage   champignons

TOTAL: 5 points

2 Ile idéale!
Possible solution:
Il y a deux piscines; une grande et une petite.
Il y a une belle plage./ Il y a beaucoup de sable.
On peut faire de la planche à voile, du ski nautique et de la plongée.
Il y a une disco.
Il y a des chambres de luxe avec télévision.
Toutes les chambres ont une vue de la mer.

TOTAL: 10 points

3 Réponds!
Possible solution:
Bonjour!
Merci de ta lettre avec toutes les questions sur ma routine. Voici ce que je fais. Je me lève vers sept heures. Je prends toujours le petit déjeuner dans la cuisine avec ma mère. Je vais à l'école à pied. Ce n'est pas loin. Mes matières préférées sont les langues – le français et l'espagnol – et la musique. Je n'ai pas beaucoup de temps libre. Je passe une heure et demie devant la télé normalement. Le week-end, j'ai un cours de musique samedi matin et l'après-midi je vais souvent en ville avec mes copains. Dimanche on va toujours chez mes grands-parents.
Ecris- moi vite!

TOTAL: 10 points

Ecrire B
HIGHER: GCSER GRADES C – A*
OVERALL TOTAL = 25 points

> NOTE: At HIGHER LEVEL, approximately ½ of the total marks available should be awarded for communication; ½ for accuracy, fluency, use of a range of vocabulary and structures and use of correct tenses where appropriate.

1 Quel désastre!
Possible solution:
Cher Jean,
La première journée de nos vacances était un désastre! Il y avait beaucoup de circulation. Il y avait des embouteillages énormes et on était six heures dans la voiture. J'avais très mal à l'estomac. Puis il pleuvait fort toute la journée. Et imagine! Le magasin au camping était fermé! Mais aujourd'hui il fait beau!
Michel

TOTAL: 5 points

2 Mon dernier anniversaire
Possible solution:
Salut! Ça va? Moi oui!
Je viens de fêter mon anniversaire. J'ai seize ans maintenant. Voici ce que j'ai fait. J'ai invité six de mes copains. D'abord on a regardé une vidéo, une comédie. Tout le monde a beaucoup ri. Après on a mangé une pizza, des sandwiches et des chips. Il y avait du coca et de la limonade bien sûr. Après on a dansé. Jean-Luc avait apporté un tas de CD. A dix heures j'ai ouvert tous mes cadeaux. On s'est bien amusé. Tout le monde est parti vers minuit!

TOTAL: 10 points

3 Au vingt et unième siècle
Possible solution:
Au vingt et unième siècle il y aura des parkings en dehors des grandes villes et tout le monde prendra le bus. Il y aura moins de pollution. Il y aura toujours le SIDA mais il y aura aussi des médicaments contre. Il y aura moins de chômage et moins de crime!

TOTAL: 10 points